「トワイライトエクスプレス」食堂車

# ダイナープレヤデスの輝き

栄光の軌跡と最終列車の記録

伊藤博康
（鉄道フォーラム代表）

創元社

大阪駅10番のりばは、新大阪行もしくは京都行が続く中で、トワイライトエクスプレスだけが札幌行と異彩を放っている。

本州内はトワイライトエクスプレス色のEF81が牽引する。ヘッドマークも凝ったデザインだ。

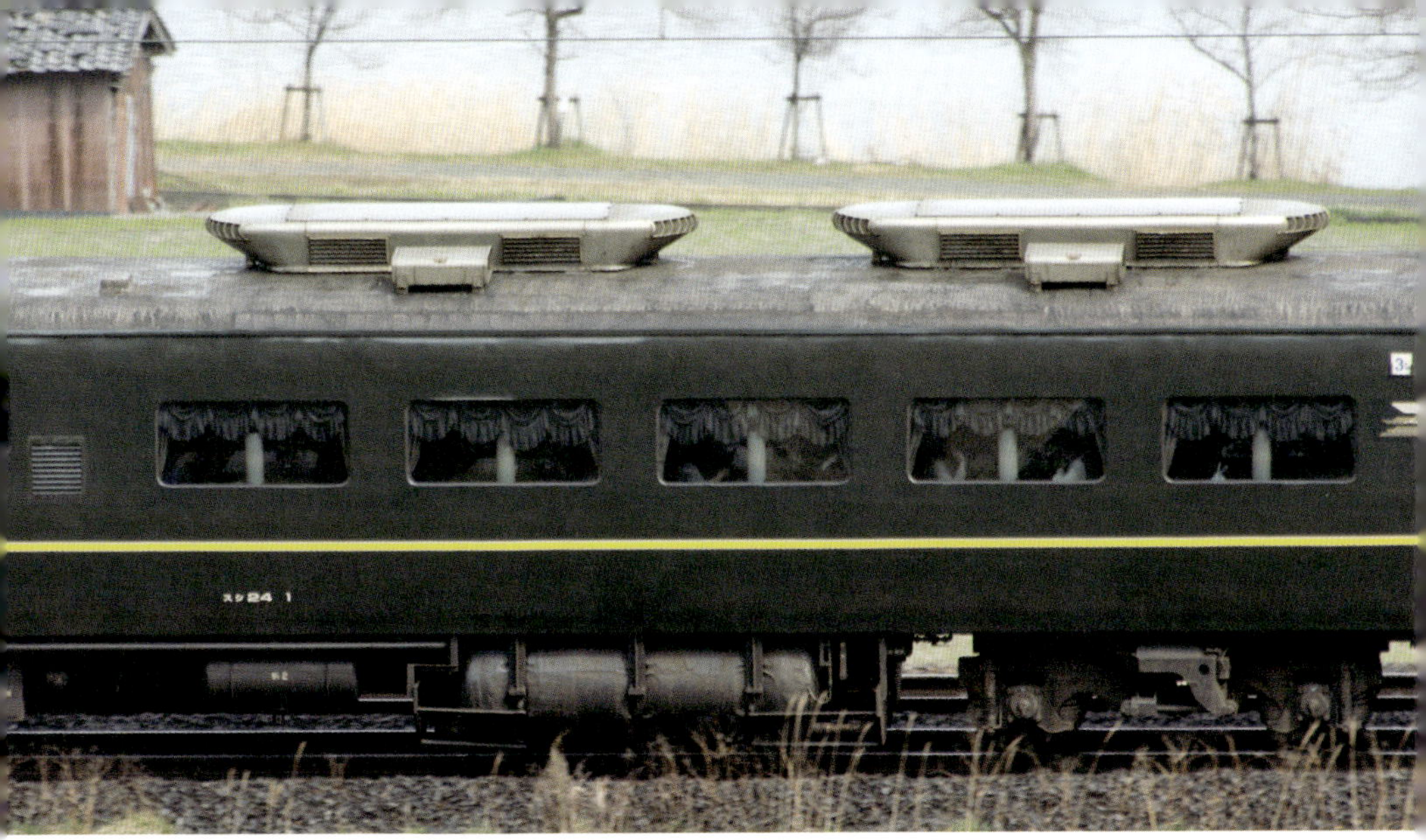

琵琶湖岸を走る頃、乗客は思い思いにランチを楽しむ。

㊨ヘッドマークと同じデザインのテールマーク。憧れの列車を象徴するデザインだ。
㊧関西から北陸にかけて、唯一見られた「札幌」の行先表示。

ヘッドマークのデザインの元となったトワイライトエクスプレスのデザイン。客車側面に見られる。

雪景色のなかを進むトワイライトエクスプレス日本海に沿って走る列車に似合う光景だった。

## ダイナープレヤデス

①各テーブルの窓にはレースのカーテンがお洒落に飾られている。網棚も装飾として生きている。
②マネージャーが主に待機している、厨房とホールの接点。
③厨房内は、シンクから食器類まで、所狭しと並んでいる。列車が揺れる中、ここで5名が食事を作っていく。
④高級フレンチを提供するのに相応しい、落ち着いたインテリアのダイナープレヤデス。
⑤食堂車の全景。電車改造なので、他の客車と屋根上形状が異なる。さらに、厨房上のダクトだけ、特別なものがついている。

## 大阪へ

大阪駅に到着したクルーは、荷物を降ろしつつ、出迎えた台車に素早く積んでいく。

㊤最終大阪行が敦賀駅で機関車交換。大勢の人がホームに詰めかけた。
㊦湖西線でラストスパートをかける、大阪行トワイライトエクスプレス。
㊧大阪行は、札幌駅で唯一トワイライトエクスプレスだけで見られる行き先だった。

# 特別なトワイライトエクスプレス

㊤特別なトワイライトエクスプレスでは、国鉄色のEF65 1000番台が活躍する機会が増え、注目されている。

㊨2-4号車がかつての2号車3両という豪華編成。5号車がサロン・デュ・ノール、6号車がダイナープレヤデスだ。

写真下

㊨下関駅で表示された上り「特別なトワイライトエクスプレス」は、敦賀で折り返して京都行となるため、臨時の敦賀行と表示された。

㊧「特別なトワイライトエクスプレス」の下関駅発運行初日には、出発式が開かれた。

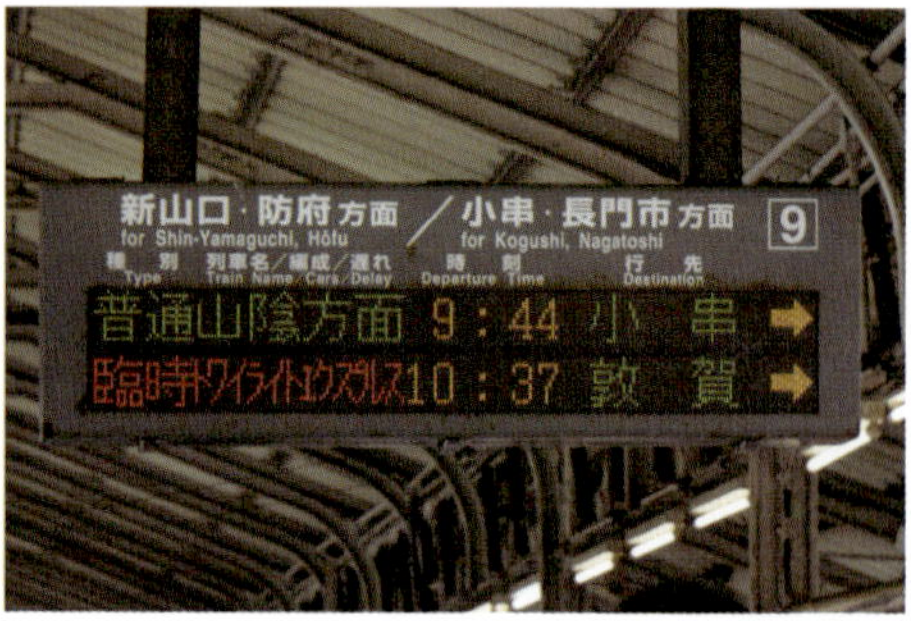

目次



装丁　濱崎実幸

# はじめに――最高峰の食堂車〝ダイナープレヤデス〟

〝ダイナープレヤデス〟……それは、伝説の豪華寝台特急「トワイライトエクスプレス」に組み込まれた、国内最高級の食堂車に与えられた名称です。

昭和三三年にはじまった寝台特急「あさかぜ」にはじまる、いわゆるブルートレインの最終形にして、乗ることを目的としたクルーズトレインの先駆的な存在であり、平成の時代を二十六年にもわたって走り続けた、国内最高峰の寝台列車である「トワイライトエクスプレス」の価値を最大限に高めたのが、この食堂車〝ダイナープレヤデス〟です。

その登場には、国鉄の分割民営化と青函トンネル開通という時代背景がありました。国鉄が一九八七年四月に分割民営化されてできたJR旅客六社のうち、JR東日本とJR北海道は青函連絡船で結ばれていました。

その一年後に青函トンネルが開通すると、青函トンネルを抜けて、本州と北海道を直通することを象徴する列車としてJR東日本は寝台特急「北斗星」を走らせはじめます。豪華列車として話題となった「北斗星」には食堂車が連結されていて、同列車の象徴性をさらに高める効果をもたらしました。

その頃、JR西日本は、大阪と函館を結ぶ寝台特急「日本海」を運転していましたが、これは国鉄時代のブルートレインそのもので、格別の存在というわけではありませんでした。

当時、ＪＲ各社は独自に営業展開をすることで、国鉄時代にはできなかったサービスを提供しようと競い合っていました。そうしたなか、ＪＲ西日本が「北斗星」を凌ぐサービスを提供する寝台特急をと検討を進め、満を持して送り出したのが寝台特急「トワイライトエクスプレス」です。

「北斗星」との差別化を図るため、「トワイライトエクスプレス」にはさまざまなサービスが導入されましたが、その代表的な差別化策の一つが、食堂車「ダイナープレヤデス」でした。

〝ダイナープレヤデス〟は、知る人ぞ知る本格フレンチレストランです。列車内という制約を言い訳とせず、妥協を許さず、市中の一流フレンチレストランのフルコースを列車内で味わうことができるレベルにしたのです。その結果、ディナーは一日二回転で計五十六名が利用、上下列車にすると一日最大計一一二名もが利用する、日本最大の本格フレンチレストランになりました。それも、一度メニューを公表したら三ヵ月間変更しないという厳しい制約のもとで、最高品質のフランス料理を提供し続けたのです。その陰には、知られざる苦労が多々あったことは想像に難くないでしょう。

食堂車のクルーは、大きく厨房とホールに分かれています。厨房は料理長を筆頭とするグループで、ホールはマネージャーを筆頭とするグループとなっていますが、その両クルーの総括はマネージャーが行います。予約が少ない時のホールは、マネージャーに加えて、セカンド一名とサード一名の計三名で乗務します。

厨房も、料理長に加えて、セカンド・サードが各一名の三名乗務です。

そんな食堂車〝ダイナープレヤデス〟ならびにそのクルーについて、定期列車としての二十六年の歴史を締めくくるタイミングで取材し、記録したのが本書です。トワイライトエクスプレスの通常運転区間だった大阪駅～札幌駅間で、奇しくも最終往復となった列車をその舞台とし、そこで起こったクルーたちの人間ドラマを織り込みました。その一方で、トワイライトエクスプレスならびにその食堂車・ダイナープレヤデスの鉄道史上における位置づけや、四半世紀以上におよんだ運行の歴史についても、その車内設備とともに振り返ってみました。

かつて、「みどりの窓口」で予約ができた食堂車があった……その思い出として、またその記録として、本書をご覧いただければ幸いです。

鉄道フォーラム代表　伊藤博康

# 第1章　大阪駅発車まで

## ダイナープレヤデスのクルーたち

二〇一五年三月九日（月）の朝、トワイライトエクスプレスの食堂車・ダイナープレヤデスに勤務するクルーたちは、特別の思いで大阪駅近くにあるトワイライト営業センターに出勤した。この日出発するクルーにとって、今日の乗務が一九八九年から四半世紀強のあいだ走り続けた、豪華寝台特急「トワイライトエクスプレス」の最終乗務となるはずだからだ。

トワイライトエクスプレスの食堂車クルーの仕事はじつに幅広い。3号車食堂車・ダイナープレヤデスでの供食サービスを主としつつ、隣に連結されている4号車サロンカー「サロン・デュ・ノール」でのサービスやA個室客への個別サービス、さらには車内販売も担っている。

JRとなってから食堂車は次々と廃止され、二〇一五年時点で食堂車を連結している列車は、「ななつ星 in 九州」のようなクルーズトレインを除けば、トワイライトエクスプレスのほかに、北斗星とカシオペアという本州と北海道を結ぶ寝台特急だけになっていた。

ブルートレインに連結された食堂車や新幹線の食堂車の場合、その乗務員は単に「供食サービスをする要員」という位置づけであったのに対し、民営化以降に登場したこれらの列車の乗務員は、観光客を相手にするエンターテイナーであり、車内をより快適に過ごしてもらうためのコンシェルジュのような役割も併せ持っていた。実際、後半となる十数年間にダイナープレヤデスに乗務していたクルーの主だった面々は、ホテルでの勤務経験があるベテランたちだった。

食堂車を含めた車両はJR西日本が所有し、運転や車掌業務はJR各社が担当するが、食堂車クルーはジェイアール西日本フードサービスネットに所属し、一定の独立性をもってサービスを提供している。ジェイアール西日本フードサービスネットは、その名のとおりJR西日本のグループ会社で、山陽新幹線などの車内販売、駅構内のレストラン経営、駅弁売店の運営等を行っている。その直営店舗事業本部内にあるダイニングカーグループが、トワイライトエクスプレスでの接客サービスを担っている。列車に乗務しない「地上職」も含めて、トワイライトエクスプレス専属の部署だ。

ダイナープレヤデスのクルーの勤務体制は独特だ。

一日目、トワイライトエクスプレスは大阪駅を午前11時50分に出発し、日本海に沿って北上し、翌日の午前9時52分に札幌駅に到着する。二十二時間二分にもわたる長旅だ。

この間、JRの運転士は区間ごとに次々に交代する。車掌は、大阪駅～青森駅間をJR西日本、青森駅～札幌駅間はJR北海道の担当がそれぞれ乗務する。けん引する機関車も途中交代があり、往路は三区間、復路は四区間に分けてけん引する。

これに対し、食堂車のクルーだけは、一度も交代することなく札幌駅まで乗り通す。ところが、クルーたちは札幌駅到着後も下車せず、そのまま車両基地のあ

る札幌運転所までの回送列車に乗り続ける。もちろん、回送中も業務時間であり、この間に後片づけなどを行っている。

では札幌運転所で終わりかというと、そうではない。ここでも誰ひとり下車することなく、車内で仮眠をとる。そして、そのままその日の14時05分に札幌駅を発車するトワイライトエクスプレスに乗務し、今度は二十二時間四十八分かけて大阪駅に戻ってくるのだ。

つまり、二泊三日で一行程となるので、今日三月九日に出発するクルーが大阪駅に戻ってくるのは、一一日の予定だ。トワイライトエクスプレスは、三月一四日のダイヤ改正を前に、三月一二日に大阪駅と札幌駅をそれぞれ発車する便が文字どおりの最終列車となる。ところが通常、乗務を終えた翌日は休日となるので、今日のクルーは全員が最終乗務になるというわけだ。クルーの一人一人がこれまでの思いを胸に秘め、最後の乗務を精一杯こなすべく、いつにもまして気分を昂揚させていた。

ところがただ一人、いつもの様子で準備を進めている者がいた。クルー全体を束ねるホール担当のマネージャー・室巻智大《むろまきともひろ》だ。室巻だけは、大阪に帰着した翌日が休日とならず、一二日発の最終札幌行きに乗務することになっているのだ。予定どおり順調にいけば……。

㊨　ホールマネージャー・室巻智大
㊧　仕込み料理長・吉本伸一郎

㊨　総料理長・伊福部雅司
㊧　料理長・三浦伸敏

## 食材の手配と検品

トワイライトエクスプレスは通常、週に四往復している。しかし、団体利用が多く、貸し切り運行をするケースもあるため、多客期も含めて毎日運転も可能なように、客車は三編成が用意されている。そのため、時刻表上では運転していない日であっても、北海道の観光シーズンなどには毎日運転となることも珍しくない。しかも上下列車で最大百十二名分の食事を手配するのだから、乗車勤務するクルーはもとより、「地上職」の仕事も多忙をきわめる。当然、運転のない日にも仕事はあり、時刻表から想像される以上に激務なのだ。

たとえば三月九日の準備風景はこんな具合だ。

午前八時、仕込み料理長の吉本伸一郎《よしもとしんいちろう》が、トワイライト営業センターに出勤する。まずは納入業者から食材を受け取る。予約人数を見ながら、さきほど受け取った食材のほか、前日に入荷した野菜類や、同所で下拵《したごしら》えした食材の数量や状態を確認しつつ、搬出にそなえて準備する。

午前九時四〇分、今日のトワイライトエクスプレスに乗務する料理長の三浦伸《みうらのぶ》敏《とし》が身支度を済ませて、厨房のセカンドとともに検品にやってくる。ディナーの予約人数と乗車予約人数を見たあと、ディナー用の食材が人数分用意されているかを確認する。

続いて、ランチ、パブタイム、モーニング、ティータイムといった乗車前の予約が不要なメニューの食材を確認する。乗車人数から予想される数量分があるかを確認するのだ。ここでは、札幌駅への往路分だけでなく、札幌駅からの復路分の食材もすべて積み込むため、往復分の数量チェックをすることになる。万一途中で足りなくなっても、走行中は食材を補給することができないから、慎重に確認作業を進めていく。

食堂車には、食事をつくる厨房担当とともに接客をするホール担当もいる。今日のホールマネージャーは、前述のとおり室巻だ。現役マネージャーではトワイライトエクスプレスの乗務期間が最も長く、平成一八年から九年間にわたって乗り続けてきたベテランである。

トワイライトエクスプレスが出発する朝、ホール担当も同じく朝から積荷の準備と数量の確認を行う。こちらは飲み物や車内販売のグッズ類が中心となる。これまた、往復のディナー予約人数と乗車予約人数を見ながら、車中で注文されるであろう各種飲み物の数量や、グッズ類の販売数を予想しての準備となる。

通常、乗務するのはホール三名と厨房三名の計六名だが、多客期には人員が増やされる。とくにJR西日本がトワイライトエクスプレスの廃止を発表した二〇一四年五月二八日以降は、ダイナープレヤデスの予約がほぼ毎回定員通りで、列車全体でも全寝台が満席の状態が続いている。そのため、今日の乗務もホール・厨房ともセカンドとサードが各二名の体制で、ホールマネージャーと料理長を加えると、ホール五名、厨房五名の総勢十名という最大人数となっている。

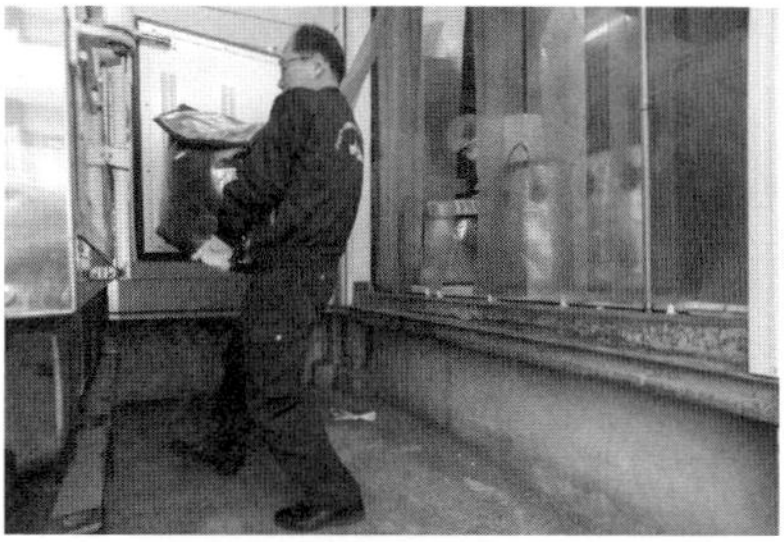

## トワイライト営業センターを出発

午前一〇時一〇分、トワイライト営業センターの仕込み場に横付けされたトラックに、用意した食材を積み込みはじめる。プラスチックトレーにはじまり、ダンボール箱、プラスチック製収納ケース、保冷剤入りの保冷バッグ、ステンレス製蓋付きトレーなどなど、二トントラックの荷台にほどよく収まるほどの量があり、積み込みには十五分ほどを要する。急ブレーキ時でも荷くずれしないようにバランス良く積み込まなければならず、積み込む場所も手順もおおよそ決まっている。

荷積が終わると、トラックは営業センターの出入口付近まで移動して出発待機となる。

一〇時四〇分、厨房組の三浦料理長とセカンドがトラックの助手席に乗り込み、大阪駅へと向かう。ほかのクルー八名に加えて、厨房とホールの地上担当として各一名、当日は乗務しない社員たちも、トラックに前後してタクシーで大阪駅へと向かう。

大阪駅までは五分くらいで着く。搬入専用の出入口にトラックを入れると、積んできた荷物を台車に載せ替える。

通常は台車三台で事足りるが、トワイライトエクスプレスの廃止報道以降は満



㊨　上：二日分の食材と備品をすべて積み込む
　　下：積み込みを終えたトラック荷台内は、整然と、そして安定した平積みとなっている
㊧　料理長とセカンドを乗せたトラックは、5分ほどで大阪駅に到着する

席続きのため、いつもの台車五台に加えて小型の台車も使う。積荷にはクルーのスーツケースなども含まれる。

台車への積み込みが終わると、その先にあるエレベーターに台車ごと乗り込み、「上」のボタンを押す。台車一台につきクルーが二名対応するのが基本だ。エレベーターが着いたところは、トワイライトエクスプレスが発車する大阪駅10番のりばの下り方端部だ。エレベーターには一度に台車を一台しか載せられないので、一台ずつ間を置いて、クルーたちとともにホーム上に現れることになる。

一一時前にはすべての台車を10番のりばの中ほど、ダイナープレヤデスが止まる付近に集め、積み込みにそなえる。その後、新大阪駅近くにある車両基地・網干電車区宮原支所を出たトワイライトエクスプレス編成が、大阪駅に回送列車として到着するまで、しばし休息の時間となる。

とはいえ、廃止報道があってからは、回送列車入線時の様子をカメラに収めようと、多くのファンがホームにやってきて連日人垣ができている。廃止間際になるとさらに人数が多くなり、ここ最近は、JR西日本の社員がロープを張って、列車入線から搬入作業までが円滑にすすむよう対応してくれている。

㊤ ホームへの搬入は、当日乗務するクルーと地上スタッフが協力して行う

㊦ 食堂車停車位置で待機するクルーたち

㊤　トワイライトエクスプレスの入線案内
㊦　廃止が報道されて以降、老若男女を問わず、
トワイライトエクスプレスの入線を待つ姿が目立つ

入線してくる列車に深々とお辞儀をするクルー。営業開始以来26年間続く

## トワイライトエクスプレスが入線

クルーたちがしばし歓談していると、10番のりばに停まっていた回送列車が発車していく。次にやってくるのが、トワイライトエクスプレスだ。クルーたちは誰が言うでもなく動き出し、全員がホーム上で一列に並ぶ。入線してくる下り方にホールスタッフが五名並び、続いて厨房スタッフが五名並んで、列車を迎える体制をとるのだ。これが、トワイライトエクスプレスが走りはじめてから二十六年間続いてきたしきたりであり、大阪駅での名物ともなっている。大勢のファンがホーム端ではなく、このホーム中央付近に群がっているのは、この光景を見るためだったのだ。

やがて、入線のアナウンスがあり、遠くからダークグリーンのＥＦ81形交直両用電気機関車にけん引されたトワイライトエクスプレスが、しずしずと入線してくる。今日は、最後に増備された第三編成だ。ダイナープレヤデスのクルーは、今一度気を引き締めたうえで、車両が目の前を通過するタイミングで、深々とお辞儀をする。これから三日間の無事を祈りながら。

## ダイナープレヤデスへの搬入

11時11分、列車が定時に停車するとクルーの列はなくなり、各自が持ち場に向かう。場が一気に緊迫する。限られた時間で、食材の積み込みから、食堂車のセッティング、乗客を迎える準備まで、やるべきことが目白押しなのだ。

ところで、ダイナープレヤデスには乗降扉がない。あるのは、厨房に直結している業務用の扉だけだ。そのため、厨房用の食材等はこの業務用の扉を利用して積み込むが、ホール用の荷物は隣の2号車乗降口からの搬入となる。2号車はA個室寝台車ばかりで定員が少ないとはいえ、入線直後から乗車する客もいるため、乗客を優先しながらの積み込み作業となる。

厨房では、狭い場所へ使用順序にあわせて食材を収容していくので、営業センターでの二トントラックへの積み込みに比べ、さらに時間がかかる。ここで収納の順番を間違えると、発車後の作業効率が悪くなってしまうのだ。積み込まれた内容を確認しながら、一つずつ着実にしかるべき位置に収めていく。

今日は定時入線なので、比較的余

㊤　厨房直結の業務用扉を開けようとするスタッフと、それを待つ料理長
㊦　厨房に直結する唯一の業務扉。ここから限られた時間のなかで手早く積み込む

裕があるほうだ。群がるファンが作業範囲に入ってしまうことがないようロープで場所が確保されていることもあって、搬入作業はいつも通り順調に行える。積み込みには通常二〇分ほどかかるが、ダイヤが乱れて入線が遅れたときには積み込み時間が一〇分ほどしかなく、とりあえず積み込むだけ積み込んでしまい、発車してから収納することもある。

積み込みが終わってからも収納・整理が続く。一方、ホームでは、搬入した二トントラックの運転手と担当者二名が台車を整理して、再びエレベーターで地下の搬入口に戻す作業をしている。積み込めば終わりというわけにはいかないのは、考えてみれば当然だろう。こんな裏方的な作業があってはじめて食堂車クルーの乗務が円滑に進められるわけだ。

## 発車までの準備作業

乗客が車内に落ち着く頃、厨房の忙しさは最初のピークを迎える。大量の食材や備品を収納する作業のかたわらでは、もうランチの準備がはじまっている。さらにその横では、ディナー用の野菜の下準備や、同じ頃に車内配達をする和食「日本海会席御膳」の準備も進む。

厨房内の所定の位置に食材を収納する。積み出し以上に時間のかかる作業だ

なお、調理器具は火災対策として電熱線を使用しているため、ガスに比べて温まるまでに時間がかかる。頃合いをみて、早めに温めなければならない。使いこなすのにはちょっとしたコツがいる。ちなみに、厨房で使う包丁とまな板は、毎回、営業センターまで持ち帰って殺菌・消毒をする。そのうえで、専用トレーに入れて再度積み込んでいる。

ホールの動きも慌ただしい。積荷の整理が進むなか、一方では掃除機を使っての床掃除がはじまる。万一、ゴミや埃があってはいけないので、毎食前に必ず掃除機をかけることと決められているのだ。各テーブルに手際よくクロスを掛けると、続いて食器等のセットに取りかかる。一三時のランチ開始までに、ナイフ、フォーク、スプーンをナプキンで巻いたセットを用意しなければならないのだ。これら食器類は車両に積んだままなので、乗車してからでないと用意ができない。とはいえ、時間は限られている。もたもたしていると時間がどんどん過ぎてしまう。

クルーたちが脇目もふらずに準備に精を出す間、まだ積み込んだままの荷物を、順番に収納していく作業も進んでいる。その間に、マネージャーはA個室寝台へ挨拶にまわる。各部屋に湯入りのポットを配りつつ、ウェルカムドリンクの注文を受け

ランチタイムの開始までの1時間に、掃除、テーブルセッティングを完了しなければならない

る。夕食の予約確認と、翌朝のモーニング予約時間の受付もこのときに行う。

夕食の予約は、ダイナープレヤデスでのディナー（一万二三〇〇円）と、個室配達の日本海会席御膳（六〇〇〇円）の二種類がある。札幌行限定の「トワイライト特製二段重」（一八五〇円）や大阪行限定の「黒毛和牛の牛飯」（一三〇〇円）を予約している人もいる。それらの確認が必要なのだ。

挨拶で真っ先に向かうのは、もちろん編成内の最上位客室である1号車1番のA個室スイートだ。大阪駅発の場合、最後尾の展望を独り占めできる大人気の個室だ。その後にA個室ロイヤル、続いて2号車の挨拶にまわる。乗るのが目的の列車だけに、始発の大阪駅から乗車する人の割合がかなり多く、最初の停車駅である新大阪駅とつづく京都駅を過ぎると、途中乗車してくる人はほとんどいない。その車内で、できるだけゆったりと過ごしてもらうためにも、発車前から挨拶まわりをはじめる必要があるわけだ。

11時50分、トワイライトエクスプレスはゆっくりと発車する。ホームでは、トワイライト営業センターに

札幌行限定の「トワイライト特製二段重」。事前予約が必要

戻る社員がにこやかに列車を見送る。ホールクルーも、このときばかりは一瞬手を休めて会釈をする。ここに、翌日午前9時52分札幌着までの長旅がはじまった。

地上担当社員に見送られて発車するトワイライトエクスプレス。札幌まで22時間2分の長旅がはじまる

# 第2章　ランチタイム

## ランチタイム前の業務

大阪駅を発車したトワイライトエクスプレスは、ゆっくりと加速し、最初の停車駅に向かう。淀川を渡るともう新大阪駅だ。ここでもチラホラと乗客がいて、次の京都駅へと歩を進める。この間も、クルーたちは車窓に目をくれる間もなく、絶えず動き続けている。ランチの準備を滞りなく進めなくてはならないのだ。

1号車と2号車にあるA個室への挨拶を終えた室巻マネージャーが戻ってくると、今度はサードの出番だ。オーダーを受けたウェルカムドリンクを、マネージャーに代わって各個室に届ける。

このころ、早くもダイナープレヤデスにやってくる人たちがいる。シャワーカードを買いに来る人たちだ。トワイライトエクスプレスのA寝台はすべて個室で、各部屋にシャワーが備えつけてある。しかし、B寝台の個室や四人相部屋のBコンパートにはシャワー設備がない。このため、4号車サロンカー「サロン・デュ・ノール」の一角にシャワールームが二室ある。このシャワーを利用するにはダイナープレヤデスで三二〇円のシャワーカードを購入し、三〇分刻みの使用時間予約をする必要があるのだ。

アルコール類を買いに来る人もいる。ダイナープレヤデスではディナー用も含め多数のドリンク類を用意しているが、とりわけビールの人気が高い。やはり気軽に飲めるからであろう。缶ビール

㊨　4号車の一角にあるシャワールームを使用するためのカード。時間予約が必要
㊧　北海道限定販売のサッポロクラシック。ビール党ならぜひ飲んでおきたい

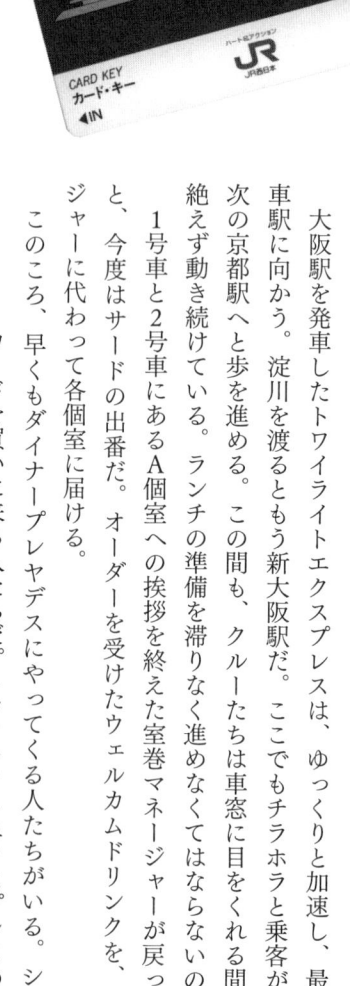

は大手三社のものを用意している。一方、生ビールは北海道限定販売で人気のあるサッポロクラシックを用意している。車内メニューには北海道クラシックと表示している。

ランチタイムは一三時からだが、トワイライトエクスプレスの廃止が報道されてからは、営業開始前から行列ができるようになった。以前ならば並ぶことなく気軽にランチを食べられたのだが、国内の食堂車で食べられる唯一のランチということを知っている人が増えて、乗車して最初の目的が、このランチを食べることになっている乗客が多いのだ。

12時25分、京都駅を発車したトワイライトエクスプレスは、山科を経由して湖西線に向かう。京都駅到着前の桂川橋梁のあたりで、昨日札幌駅を発車したトワイライトエクスプレスとすれ違っているはずなのだが、この時間帯のクルーたちにその様子をみる余裕はない。長距離を走る列車が減ったいまとなっては、前日発の同名列車とすれ違う光景は、定時運転の場合このトワイライトエクスプレスでしか見ることができなくなったのだが、それを楽しむどころではないのだ。ちなみに、この日に札幌駅を発車したトワイライトエクスプレスとは、秋田駅から北へ四駅目の奥羽本線大久保駅ですれ違うことになっている。

京都駅を出た札幌行トワイライトエクスプレス。
この少し前、桂川橋梁付近で大阪行とすれ違っている

## ランチタイム開始

右手に琵琶湖が見えはじめる頃、ようやくダイナープレヤデスの準備が整う。車内放送でランチ営業の開始を告げるとともに、早くから並んでいた人たちから順に席へ案内する。乗客にとっては待ちに待った瞬間だ。

ランチタイム・メニュー

| | |
|---|---|
| •ハンバーグステーキ | 1420円 |
| •ビーフシチュー | 1440円 |
| •ランチセットA | |
| （スープ、ミニサラダ、パンまたはライス） | 720円 |
| •ランチセットB | |
| （スープ、ミニサラダ） | 500円 |
| •ランチセットC | |
| （スープ、パンまたはライス） | 500円 |
| •ランチセットD | |
| （ミニサラダ、パンまたはライス） | 500円 |
| ※ランチは食後のドリンク付き | |
| （コーヒー、ティー、オレンジジュース） | |
| •ビーフカレー | 1080円 |
| •オムライス | 980円 |
| •海老マカロニグラタン | 930円 |
| •プレヤデスサラダ | 620円 |

人気ナンバーワンのオムライス。自家製ソースはウェブ通販で購入できる

どれもお奨めだが、人気ナンバーワンはオムライス。包む卵は、ひとつひとつ車内でフライパンを振って作り、これに自家製トマトケチャップをかける。手軽なこともあってオーダーが増えるのだろうが、揺れる厨房で数をこなしつつ丁寧に仕上げるのはさぞかし大変だろう。

ハンバーグステーキは、和牛一〇〇パーセントの贅沢な一品。ビーフカレーは、トワイライト営業センターの仕込み厨房で作り込んだ手作りカレーソースを使っている。カレー粉に十種類以上のスパイスを加えて三日間煮込んだ特製で、フルーティーな味わいが特徴だ。

これらの仕込みは徹底してやっているが、オーダーが入ってから行う〃調理〃の部分にはあえて手を出していない。これがトワイライトエクスプレスの食堂車・ダイナープレヤデスのこだわりだ。安易な食材を使うことなく、また作り



㊤　和牛100%使用の自慢のハンバーグ
㊦　フルーツや玉ねぎの甘さ、スパイスの複雑な味わいが楽しめるビーフカレー。ウェブ通販でレトルトパックが購入できる

置きを車内で温めるだけでは良しとしない、本格派の食事を提供していることが、これらのことからもわかろう。

## ランチタイムの乗客たち

さて、ランチ営業をはじめて注文をとりはじめると、一人でありながら「オムライスとグラタンとカレーを下さい」というように、二種類三種類と注文する人が少なくない。お名残乗車ということで、ここでしか食べられないものをしっかりと楽しもうとしているようだ。

琵琶湖を右手に見ながら進む車窓は、乗客にとって最初の風光明媚な光景だ。軽く一杯やりながら注文した食事を待っている人、のんびりと車窓を眺めている人、相席になった人と談笑がはじまり、どうやらこのまま仲良くなっていきそうな人々など、それぞれに旅のはじまりを楽しんでいる様子だ。以前はテーブルごとに乗客を案内していたのだが、いまや多くの人がランチにやって来るので、すべて相席としている。それがまた旅の楽しみを盛り上げているようで、見ているだけでも楽しくなってくるような車内となる。

なかには、トワイライトエクスプレスの常連の顔もチラホラ。室巻マネージャーは、分け隔てなく対応をしつつ、顔見知りの常連さんには一言さらに声を掛けたりしている。だいたいどの列車にも数名の常連さんが乗っていて、ホールクルーの名前を覚えている人もいる。なかには、月に数回乗るようなリピーター

㊤ サイドメニューとして人気のある海老マカロニグラタン
㊨ 牛肉を贅沢に使ったビーフシチュー。
こちらもウェブ通販で缶詰を購入できる

もいる。そのような人は、都合で全区間乗れないときには、途中駅で下車して新幹線で自宅に戻ったりしているようだ。

今日は、室巻が乗務をはじめた頃に、手厳しく指導してくれた恩人が乗っていた。トワイライトエクスプレスが走りはじめた頃からのリピーターだけに、列車内での対応の至らなさについて気が気でなかったのだろう。何かにつけてクレームがあった。乗務に慣れるに従ってクレームは減っていき、いまではフランクに話ができる常連さんだが、当時は恐ろしく、落ち込んだこともあった。

その恩人はこの日、札幌駅まで行けないので、長岡駅で下車するという。まさに、ダイナープレヤデスのランチを楽しむために乗っているのだ。思い出話などもしていると、最終となる三月一二日大阪駅発のトワイライトエクスプレスにも、なんとか乗れないかと思っているとのこと。室巻も、同列車が最終乗務となる予定なので、またお会いしましょうと話して席を離れた。

食べ終わった人が支払いのために三々五々とレジに



琵琶湖を右手に湖西線を走るトワイライトエクスプレス。
このころ、ランチタイムがはじまる

やってくる頃、とある女性がやってきた。伝票をみると、一人での利用だが食事を二種類も注文している。決して大柄ではなく、どちらかというと華奢な女性なのだが……。

ランチの利用者が増えてから、順番待ちの人は4号車サロンカー「サロン・デュ・ノール」のほうへと並んでもらうことにしている。A個室の乗客には、いったんダイナープレヤデスを突っ切って個室と反対方向の列に並んでもらうことになる。以前は、A寝台とB寝台の乗客を交互に案内していたのだが、あまりに利用者が多いので、もはやA個室の乗客といえども特別扱いできない状態になっている。まして、最終運転が間近のこの列車だ、並ぶ列の最後尾は4号車のどの辺りまで続いているのか、見当が付かないほどだ。

空席ができたので、並んでいる最初の人を席に案内しようとすると、見覚えのある顔だ。少し前に精算した女性だった。昼食を終えたあと、サロンカーにできているダイナープレ

福井県内の北陸本線をひた走る札幌行トワイライトエクスプレス。
このころはまだランチタイムの真っ最中だ

富山駅着16：30。
3時間にわたるランチタイムが終わり、クルーたちが遅めの昼食を済ませる頃だ

ヤデスの行列最後尾に再度並びなおし、待っているあいだに腹ごなしをしたようだ。本日二度目となるランチのご注文を、ありがとうございます。

朝の出勤時から次々とこなしてきた業務が一段落するのは、ランチタイムが終わる一六時頃。多くのグッズが売れるため、なかなか先へ進まなかった車内販売のサード二人も、ようやく戻ってきた。ここでトワイライト営業センターを出発してからはじめてクルーが全員そろって、遅めの昼食となる。とはいえ、列車は金沢駅を過ぎて北陸本線をひたすら走っている頃で、乗客も飲み物を買いに来たりする。それだけにゆっくりというほどの時間はとれず、さっさと食事を済ませると、ディナーの準備を開始だ。サードは、再び二人で車内販売に出かけた。

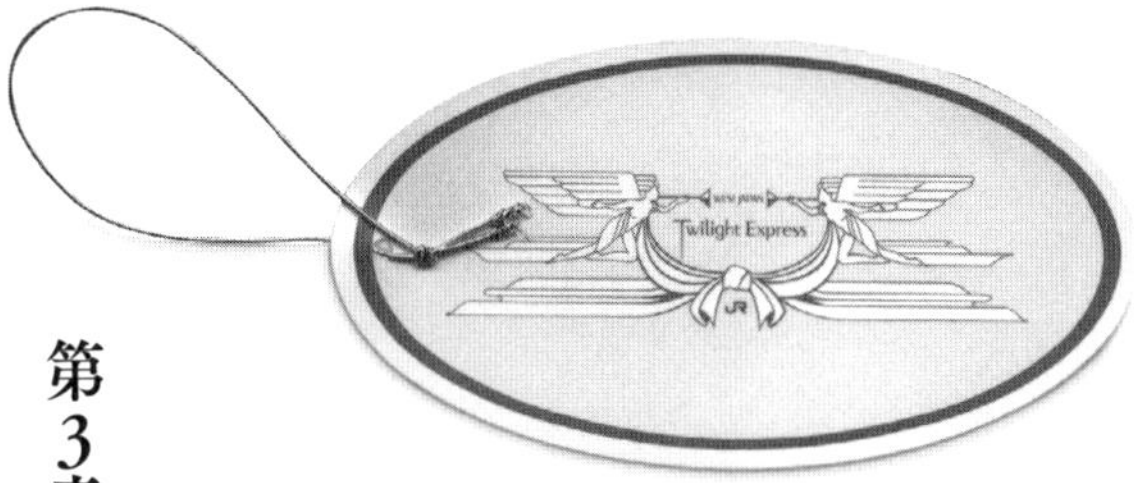


# 第3章　車内設備と車内販売

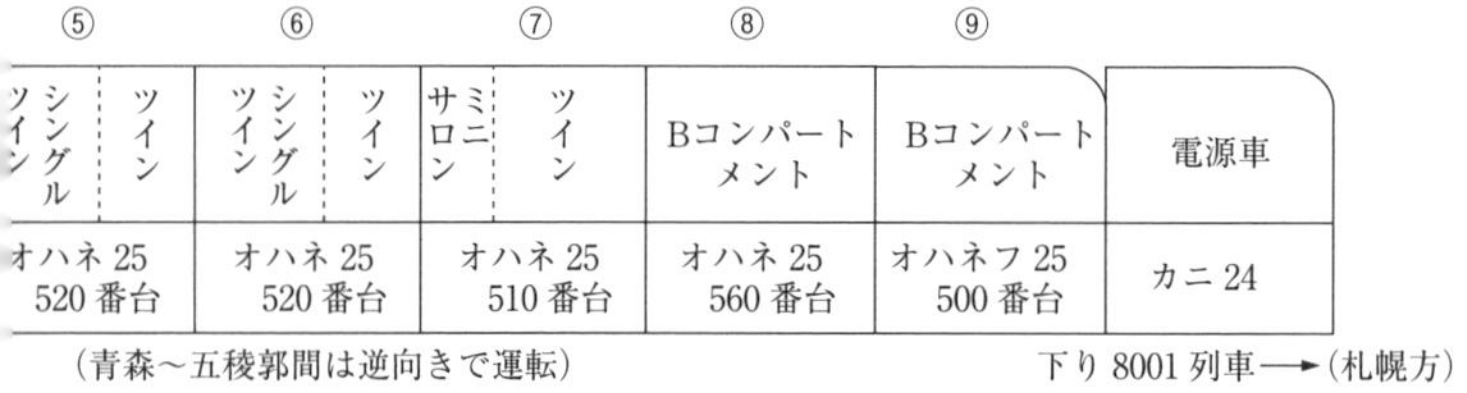


トワイライトエクスプレスの車両編成

## トワイライトエクスプレスの経路と設備

ここで、トワイライトエクスプレスの運転経路と設備を見ていこう。

トワイライトエクスプレスは、大阪側の1号車からはじまり、札幌側の9号車まで九両の客車をつなぎ、その先に電源車がついた十両編成となっている。いずれも動力をもたない客車列車なので、機関車がけん引する。

機関車は、大阪駅～青森駅間を交直両用のＥＦ81形電気機関車がけん引し、青森駅～五稜郭駅間では青函トンネルの勾配に対応したＥＤ79形交流電気機関車がけん引する。この区間は、青森駅と五稜郭駅の線形の関係で、編成の前後が逆になる。青森駅・五稜郭駅ともに深夜・早朝ということもあって扉扱いをしないので、乗客はホームに降りることができない。五稜郭駅～札幌駅間は、ＤＤ51形ディーゼル機関車が重連でけん引する。

ただし、この運転方式が約二十六年間続いたわけではない。青森駅～函館駅間は、青森駅の配線変更工事のために二〇〇六年三月一三日のダイヤ改正から青森駅に寄らなくなり、青森信号場で機関車交換を行っていた。そのため、五稜郭駅まで1号車が最後尾で走り、五稜郭駅～札幌駅間で1号車が機関車の次位という、前後反対の編成で走っていた。この状態は、青森駅の工事が終わった二〇一二年三月一七日のダイヤ改正で解消され、再び青森駅経由での運転となった。

二〇〇〇年三月には有珠山《うすざん》が噴火して、火口から近いところを通る室蘭本線が不通となった。このため同月三一日から、急遽、山線回りと呼ばれるニセコ経由

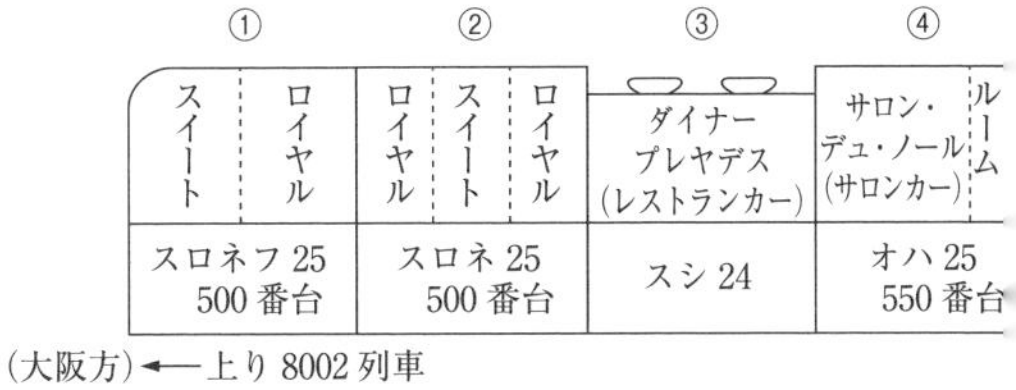

の函館本線ルートを走ったこともある。同年六月六日までの二ヵ月強、この迂回運転が行われた。

　これ以外でも事故による迂回運転や、他線区への臨時列車としての運行なども随時行われてきた。また、一九九四年三月からは大阪行が函館本線森駅〜七飯駅間で、通称・砂原《さわら》線と呼ばれる北海道駒ヶ岳の東側を回るルートを走るようになった。しかし、大阪駅〜札幌駅間を日本海縦貫線〜青函トンネル〜函館本線〜室蘭本線とたどる基本ルートは、変更されることなく続いた。その経路は、大阪駅から札幌駅に向かって次のとおり。

下り函館山線迂回運転中のトワイライトエクスプレス

| | | | |
|---|---|---|---|
| ① | 大阪～山科 | 48.3km | 東海道本線 |
| ② | 山科～近江塩津 | 74.1km | 湖西線 |
| ③ | 近江塩津～直江津 | 322.4km | 北陸本線 |
| ④ | 直江津～新津 | 121.1km | 信越本線 |
| ⑤ | 新津～秋田 | 271.7km | 羽越本線 |
| ⑥ | 秋田～青森 | 185.8km | 奥羽本線 |
| ⑦ | 青森～中小国 | 31.4km | 津軽線 |
| ⑧ | 中小国～木古内 | 87.8km | 津軽海峡線 |
| ⑨ | 木古内～五稜郭 | 37.8km | 江差線 |
| ⑩ | 五稜郭～長万部 | 108.9km | 函館本線 |
| ⑪ | 長万部～沼ノ端 | 144.0km | 室蘭本線 |
| ⑫ | 沼ノ端～白石 | 56.6km | 千歳線 |
| ⑬ | 白石～札幌 | 5.8km | 函館本線 |

以上十三線区、総営業距離一四九五・七キロを走る列車だった。このうち、大阪駅～直江津駅間の四四四・八キロがＪＲ西日本、直江津駅～中小国駅間の六一〇・〇キロがＪＲ東日本、中小国駅～札幌駅間の四四〇・九キロがＪＲ北海道の路線となる。ただし、営業キロには反映されないものの、函館本線の五稜郭駅近くでは、上下列車で走る線路が異なる。札幌行は七飯駅～大沼駅間で藤城線と呼ばれる迂回路を通り、大阪行は前述のとおり、森駅～大沼駅間で砂原線と呼ばれる北海道駒ヶ岳の東側を回るルートを通るのだ。

なお、トワイライトエクスプレスが廃止となった平成二七年三月ダイヤ改正で

㊤　トワイライトエクスプレスの走行路線図
㊦　同、区間別距離と路線名

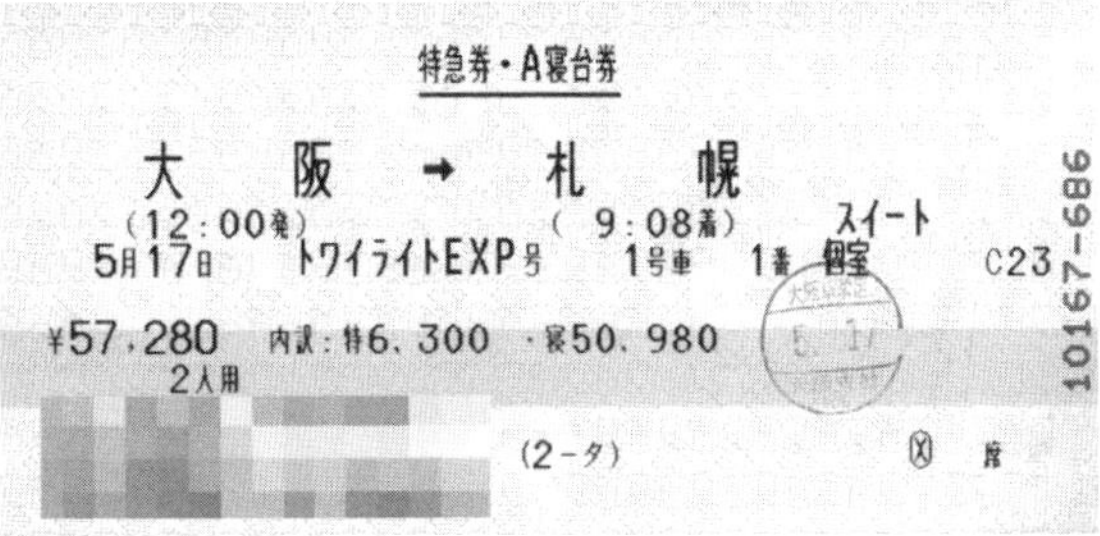


北陸新幹線金沢延伸があったため、北陸本線のうち金沢駅～倶利伽羅駅間は「IRいしかわ鉄道」に、石動《いするぎ》駅～越中宮崎駅は「あいの風とやま鉄道」に、市振駅～直江津駅間は「えちごトキめき鉄道」という三社の第三セクター鉄道になっている。また、翌平成二八年の春には、北海道新幹線が新函館北斗駅まで開通するため、江差線の木古内駅～五稜郭駅間は「道南いさりび鉄道」という第三セクター鉄道になる予定だ。

## A個室寝台車（1・2号車）

トワイライトエクスプレスの編成のうち、大阪側の1号車と2号車は、前述のとおりA寝台車となっている。昼行座席車でいうところのグリーン車だ。それぞれ、二人用スイーツルームが一室ずつと、一人用ロイヤルルームが四室ずつの計十室だ。

スイートルームのうち1号車は

㊤ 1号車スイート。札幌行では最後尾となり、抜群の眺望を誇る
㊦ 筆者乗車時の1号車1番スイート寝台券

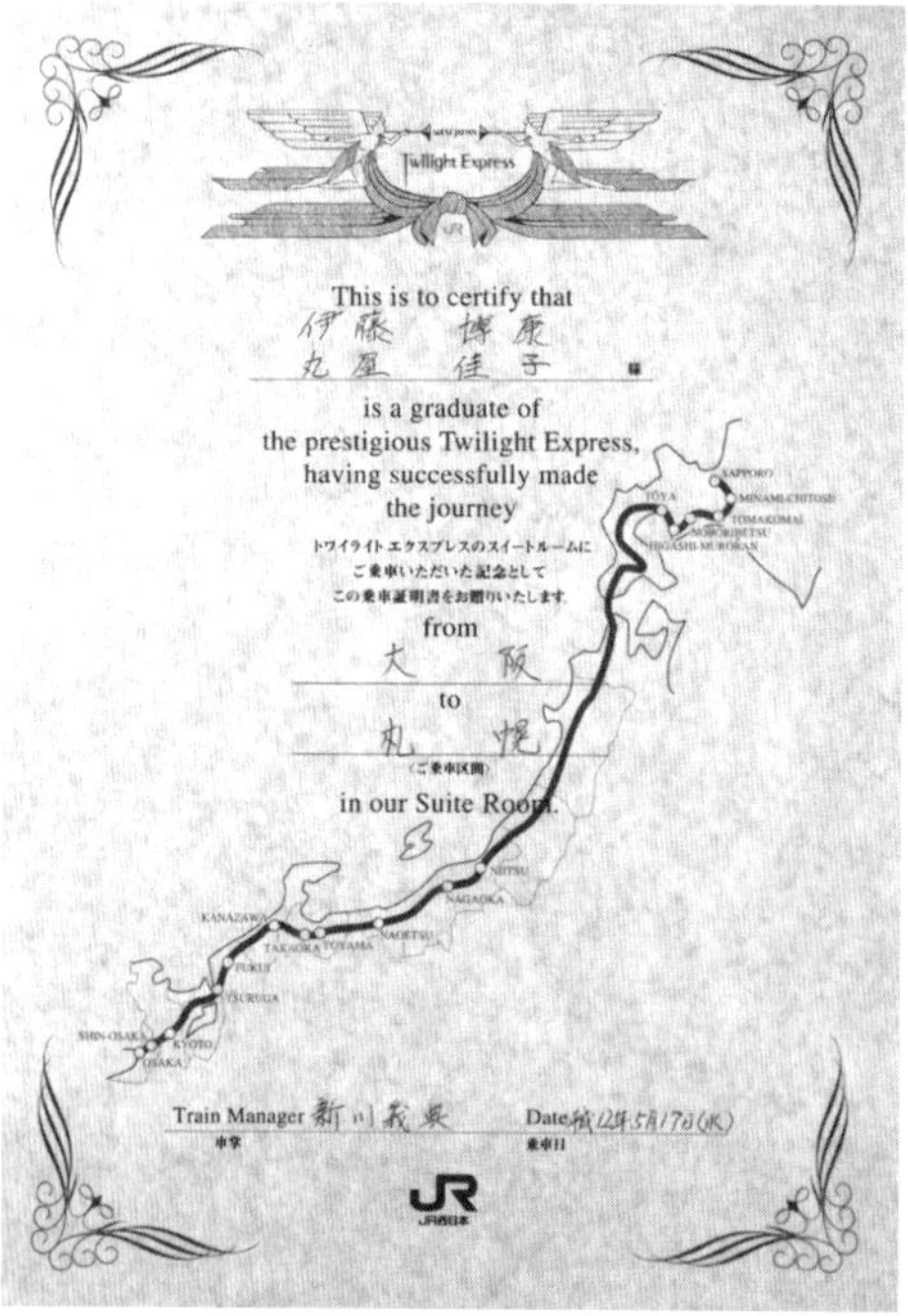


大阪発の編成最後尾となるので、過ぎ去っていく風景を文字どおり独占できる。それだけに人気が高く、滅多に入手ができないプラチナチケットとして知られていた。

ただし、ベッドが枕木方向に二つ並んでいるうえ、揺れの大きな車端部なので、線路状態によって乗り心地が大きく違うことを実感できてしまう。また、シャワー室がトイレと一体化しているため、シャワー使用後は床が濡れた状態でトイレを使うことになる点もいささか残念だ。

㊤　1号車スイートから見た山線迂回運転中の景色。後方に見えているのは羊蹄山
㊦　スイートに乗るともらえる乗車証明書。車掌のサイン入り

その点、2号車スイートは揺れの少ない車両の中心に位置しているうえ、ベッドも揺れを感じにくいレール方向に二つ並んでいるので、至って快適な乗り心地だ。シャワーとトイレが分かれている点も、快適に利用できる個室という評価につながっている。ただし、窓は天井までの大きなものがついているものの、列車進行方向に対して直角方向の車窓であり、1号車スイートの過ぎ去っていく景色を独り占めできるといった特別感はない。

どちらも一室二名利用で寝台料金が五万二四四〇円。ソファベッドを倒してエクストラベッドとして利用する場合、その一名分が追加で九八一〇円となる。まさに高級ホテルの価格だ。「1号車と2号車のどちらのスイートにも乗れますよ」と言われた場合、どちらにしようかかなり迷うというのが正直な感想だ。それほど、展望と居住性のバランスは甲乙を付けがたいものとなっている。

一方、ロイヤルルームは八室すべてが同じスタイルで、2号車スイートとともに窓は日本海側を向いている。1号車スイートと同じく、シャワーとトイレがセットとなったユニットが各部屋についている。一室にソファと椅子があるが、ソファは電動で背もたれが動いてダブルベッドになる仕組みだ。



ロイヤルルーム。
トイレ付きシャワー室があるほか特製のアメニティグッズもそなえる

寝台料金は一室一万七六七〇円とスイートよりは割安だが、やはり高級ホテルなみの価格だ。もちろん、これに乗車券と特急券が別に必要となるため、総額は航空券の正規運賃と変わらないほどの額になる。まして、いまは航空機に早割があるし、LCC（格安航空）もあるので、移動のためにトワイライトエクスプレスに乗車する人は皆無に近いといってよいだろう。

なお、ダブルベッド仕様のため二人で使用することもでき、その場合は九八一〇円の追加料金が必要となる。

これらA個室には、すでに記したとおり、熱いポットが配られ、ウェルカムドリンクもつく。翌朝には、朝刊とモーニングコーヒーも提供される。さらに、各個室にはダイナープレヤデスへの直通電話がついている。この電話で注文をすると、ホールのクルーが注文品を個室まで届けてくれるのだ。アッパークラスの優位性を、これでもかと示してくれるサービスといえよう。それだけに、一生の思い出に一度乗ってみたかった……その夢が叶って乗っているという乗客が多い、トワイライトエクスプレスが日本の列車では希有な存在であり続けた理由が理解できよう。

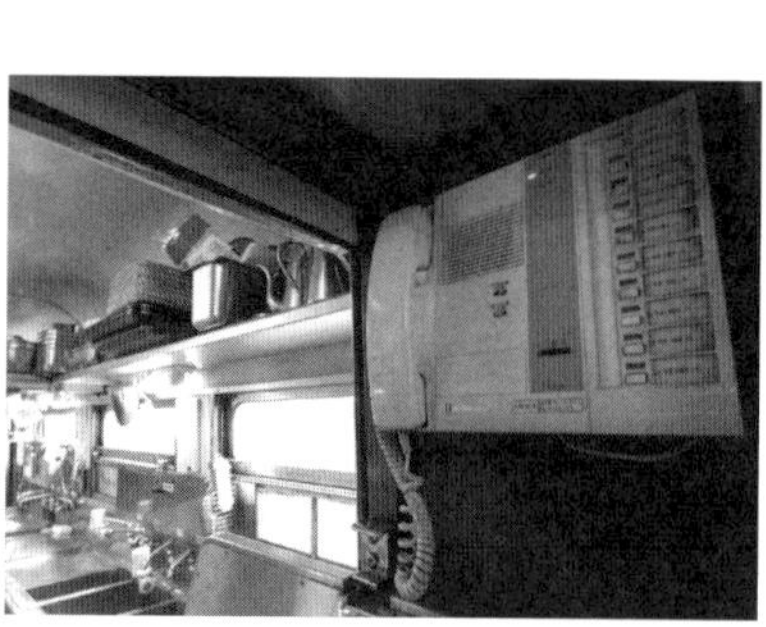

㊤　食堂車「ダイナープレヤデス」の外観
㊦　A個室寝台スイート・ロイヤルからダイナープレヤデスへの直通インターホン

## ダイナープレヤデスとサロン・デュ・ノール（3・4号車）

3号車は、本書の主題である食堂車「ダイナープレヤデス」だ。他の車両は寝台客車・ブルートレインを改造しているが、この3号車だけは、もと電車特急の編成についていた食堂車を転用している。そのため、屋根上の形状が他の車両と大きく異なり、天井の上に空調の室外機がぼこぼこと付いた恰好となっている。他の車両は、屋根上がつるんとしたかまぼこ状だ。また、車内からはわからないが、第三編成の室外機形状は、第一編成・第二編成と異なっている。

「プレヤデス」は日本語で昴《すばる》と呼ばれるプレヤデス星団からの命名で、夜空の星のような輝きを夜行列車にもたらす食堂車の意だ。大阪発の下り列車では、昼・夜・朝と三食を食べることができる唯一の食堂車として貴重がられたが、同時に、車内で調理をする本格派の料理を提供することでも、他の食堂車とは一線を画している。それは、最近流行の超高級クルーズトレインについている食堂車と比較しても、なおもって大いに優位性があるほどだ。

4号車はサロンカー「サロン・デュ・ノール」。フランス語で「北のサロン」の意味で、誰でも自由に使えるフリースペー

「北のサロン」を意味するサロン・デュ・ノール。札幌行では日本海に沈む夕日を眺められる

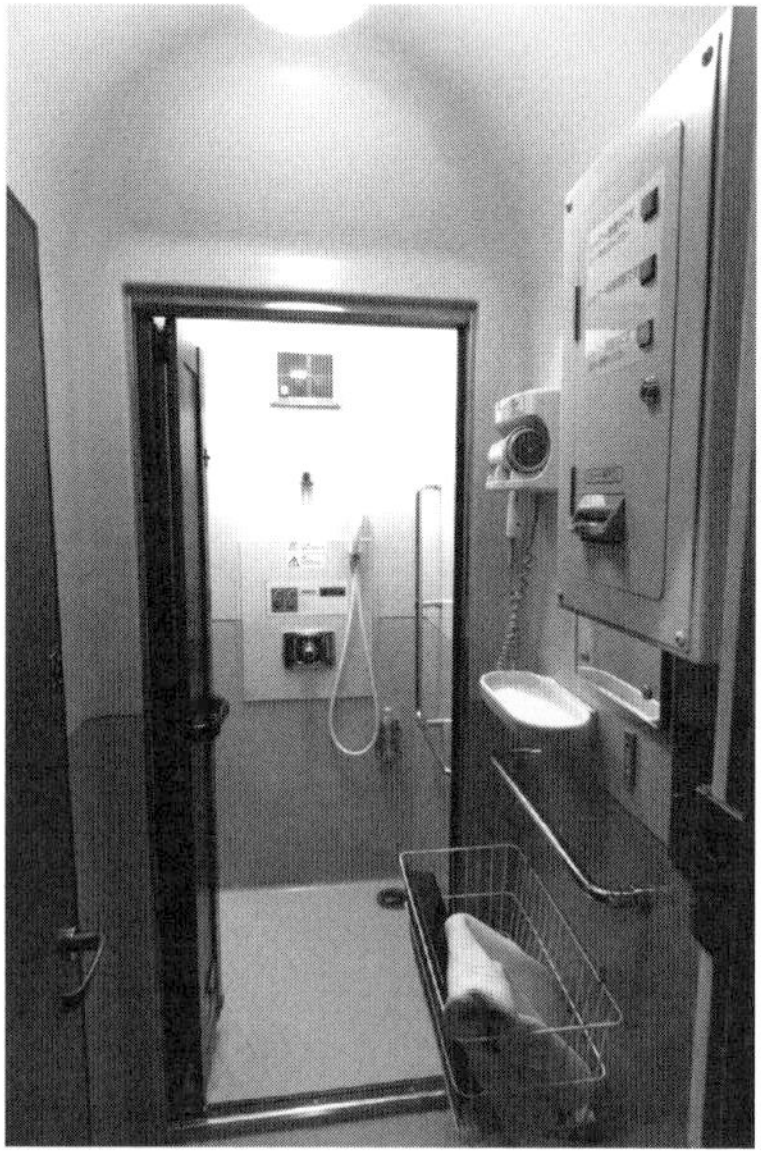

スだ。車内の座席がすべて日本海側を向いているところが、夕日が沈む光景を眺められるトワイライトエクスプレスらしい設計であろう。のちほど述べるB寝台車は、どうしても手狭のため、長旅となるトワイライトエクスプレスでは、こういった広いフリースペースがありがたいものだ。

　また、寝静まった時間に歓談するにも、寝台車とは別に連結されているサロンカーは、他の乗客の邪魔にならないため重宝される。札幌行で深夜帯に通過となる青函トンネルでは、寝付けない人や青函トンネルが気になる人が、この「サロン・デュ・ノール」に集まってくる。また、大幅に列車が遅延しているときには、車掌が気晴らしのためにジャンケン大会をする場としても活用したという。

　車端部には、先に記したシャワー室が二室あり、三〇分ごとの予約制で利用することができる。シャワーそのものの使用可能時間は、スイート二五分、ロイヤル二〇分に対して、シャワー室は六分というのは致し方ないところか。それでも、実際に使用してみると、途中で何度でも止めることができるため、特に問題はない時間だ。実際、六分でも時間が余ったとの声を、一人だけでなく何名もの利用経験者から聞いている。スイートとロイヤルのシャワー使用可能時間が長いのは、二～三人の乗客が乗車中に二回ずつシャワーを使う前提での使用時間設定と思われる。

シャワー室の入口部分には、お菓子と清涼飲料水の自動販売機があり、深夜な

㊨　シャワー室。シャワー使用時間は6分と短いが、中断できるうえ30分間貸切となるので問題ない

㊧　シャワー室横の自販機コーナー。茶・ジュース類のほか、菓子類やお酒のつまみが購入できる

ど食堂車クルーのサービスが利用できない時間帯でも、軽い飲食物を入手できるようになっている。

## B個室寝台車（5～7号車）

5号車から9号車まで、札幌側の五両はB寝台車となっている。昼行座席車でいう普通車だ。つまり、A寝台車とB寝台車は、ダイナープレヤデスとサロン・デュ・ノールというパブリックスペースの前と後ろに分けて連結されている。ダイナープレヤデスのB寝台車側からの入口には、A寝台見学のための通り抜けを禁止する旨の案内も掲げてあり、アッパークラスの乗客が快適に過ごせるように配慮されている。

日本の鉄道では、編成中央に上級車両を配置することで乗降口と駅改札口の移動をスムーズにし、上級車両の乗客を優遇する慣習がある。トワイライトエクスプレスの編成案が出たとき、こうした国鉄時代の慣習を是とする人たちからは、編成端に最上級客室を配置することに異が唱えられたという。

結果は大成功だったのだが、これはトワイライトエクスプレスに限らず、世界中の豪華列車では常識となっている編成方式だ。戦後の国鉄でも、特急「つばめ」「はと」などの展望車は、列車最後尾についていた。しかし、新幹線時代を国鉄マンとして過ごした人たちは、アッパークラスを編成端に連結することを否定していたわけだ。

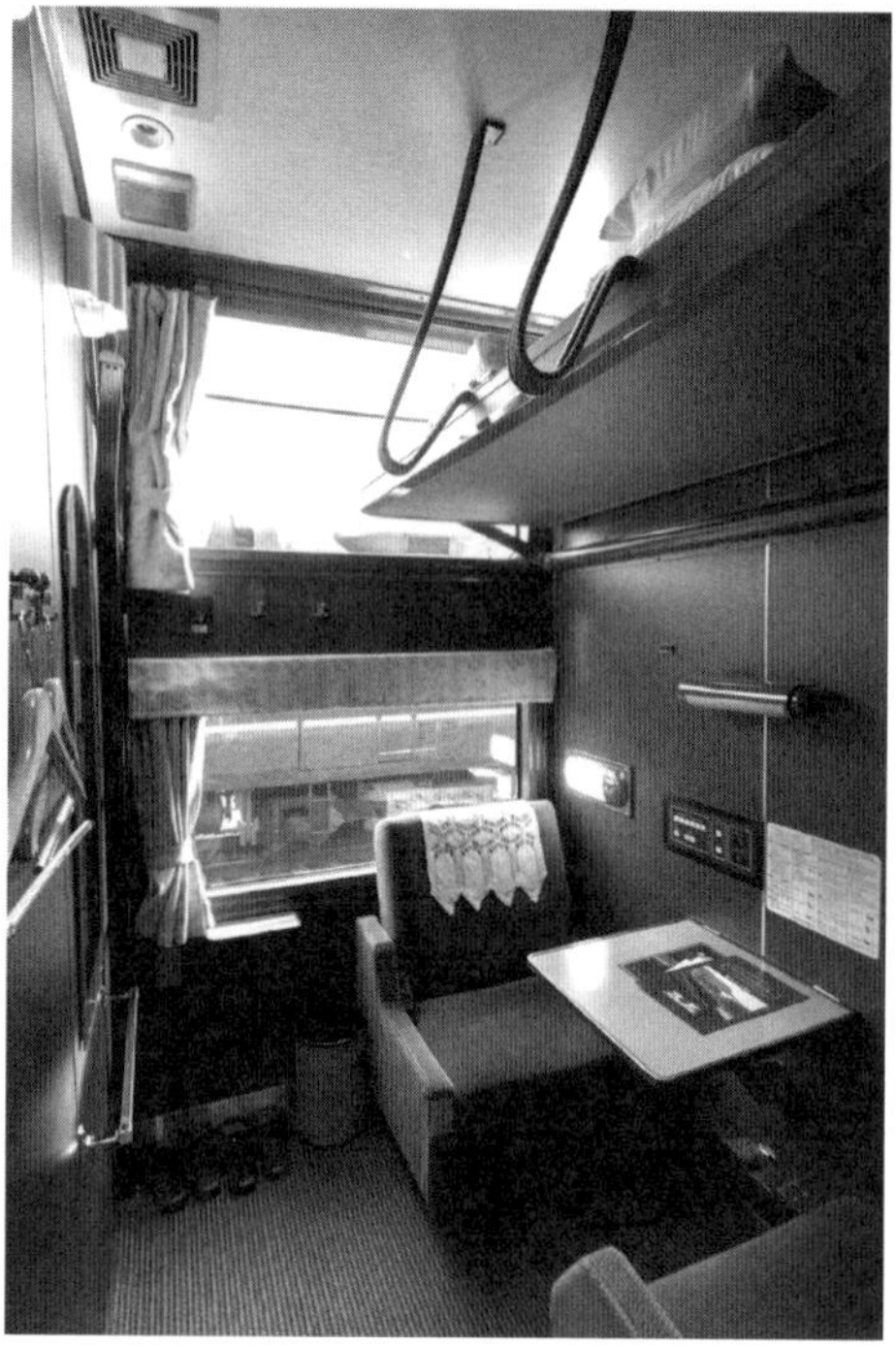

平成も二〇年以上が過ぎた二〇一〇（平成二二）年一〇月、ＪＲ東日本は東北新幹線に最高級サービス「グランクラス」を投入することになり、編成端に連結した。その発想は、二〇年以上も前となる平成元年に、ＪＲ西日本がトワイライトエクスプレスで採用したものだったのだ。

閑話休題。

Ｂ寝台車五両のうち、５号車と６号車にはそれぞれツイン七室とシングルツイン六室の個室一三室がある。そのほかに、和洋トイレが各一つと洗面台も二つある。７号車はツインが九室ある代わりにシングルツインがなく、ミニサロンと清涼飲料水の自動販売機がある。

ミニサロンには二人掛けのソファが直角に二つあり、その前に小机が一つ、マガジンラックが一つという至って簡素なフリースペースだ。なお、トイレと洗面台は５・６号車と同じ。つまり、Ｂ寝台のなかでも個室については、専用のミニ

---

㊤　7号車大阪方にあるミニサロン。誰でも使えるが、B寝台個室客を意識した心遣いだろう

㊦　ツインンルーム。向かい合ったソファーが下段寝台となる。
A個室のようなシャワー室はないが、快適性は十分だ

サロンが用意してあるという構造だ。
ツインは上下二段ベッドで、下段はソファベッドになっていて、昼間は二人向かい合わせで座り、夜は背もたれを倒してベッドにする。上段は、下段をソファにした際に頭上が狭くなるので、電動で上下できる仕様となっている。全室が日本海側を向いていて、上段ベッドからでもその景色が眺められるよう、上段ベッド用の窓もついている。
一方、シングルツインは、下段がツインと同じソファベッドだが、部屋の幅が狭く、立って歩く余裕はない。上段ベッドもあるが固定で、上段ベッド用の窓もない。しかし、ベッドが上下にあるわけで、二名で使用することもできる。ただし、二名で使用すると、ほぼ室内での身動きがとれなくなる。
その点、一人で利用するなら、上段ベッドを荷物置き場にしても良いし、乗車した状態のまま上段はベッド、下段は座席と使い分けることでベッドメーキングが不要な快適空間としての利用もできる。このように、一人利用がお奨めではあるが、二名での利用もできるということで、シングルツインという名称となっている。一人利用の場合は、追加料金が五四〇〇円必要となる。

1名または2名での利用が可能なシングルツイン。5号車と6号車に設定されている

## Bコンパート（8・9号車）

8号車と9号車はBコンパートと呼ばれる、B寝台車だ。上下二段ベッドが向かい合わせになったコンパートメント（区分室）が一両に八室（9号車は七室）ある簡易個室だ。ただし、本来の個室と違って相部屋での利用となる。国鉄時代からの一般的な開放B寝台車と同様の造りながら、入口に扉を設けることでヨーロッパでよく見られるコンパートメント式とし、居住性がグッとよくなったと評判だった。それにもかかわらず、寝台料金は一般的なB寝台料金と同じ六四八〇円というのは、お得感が大きい。車端部には和洋トイレが各一つと洗面台が二つあるほか、9号車には車掌室がある。

なお、両車ともに車端部に「業務用室」の表示があるが、これは食堂車クルーの仮眠室であるとともに、寝台券にダブルブッキングが発生した際などの調整席ともなっている。一方は三段ベッドが向かい合わせについている六名用。もう一方は二段ベッド一つだけの個室だ。

8号車と9号車に設定されているBコンパート。
相部屋利用となるが、その分、料金もリーズナブル

## 車内販売

さて、ホールは車内販売も担当している。ここまでに述べてきたように、個室主体の列車のため、単に売り歩くだけではその存在に気付かれない。だから声を出しながらの販売となる。トワイライトエクスプレスの乗客は、乗ること自体が目的の人がほとんどのため、記念グッズがよく売れる。特に廃止が決まってからはグッズ販売が好調で、サード一名を車内販売専任としていた。購入額も上昇傾向にあり、平均すると乗客一人あたり約六千円にもなったという。このため、トワイライトエクスプレスが廃止間際になり毎日運転となった平成二七年二月以降は、サード二名が専任で車内販売を担当するようになった。

食堂車でランチがはじまる前から車内販売に出かけるが、次々に声がかかるため、以前は三～四時間で戻ってきたのが、運転終了間際となって五～六時間かかるようになっている。食堂車に戻る頃には、ランチが終わるくらいの時間になっているわけだ。さらに飲料などの販売もあるので、ランチ終了後に集うクルーの昼食を終えると、また販売に出かける。これまた、体力勝負の仕事だ。

車内販売するグッズには、スポーツタオル、キーホルダー、ボールペン、万年筆などがある。また、ラストランに向けて二月一日からは、エンブレムのピンバッジ、箱入りキーホルダー、ネームタグなども売



トワイライトエクスプレス限定グッズの数々。通販で購入することもできる

りはじめたが、ラストランまでに多くは完売してしまう結果となった。なかには、三〇〇本限定で発売した一本一万二〇〇〇円の万年筆もあったが、これも順調に売れて完売した。

## ベストセラー「旅のしおり」

グッズのなかで、もっとも売れるのは『トワイライトエクスプレスの旅・旅のしおり』という税込六〇〇円の冊子だ。ジェイアール西日本フードサービスネット発行とあるように、自社で企画発売した冊子だ。発売から三年ほどだというが、最終版は二〇一四年八月五日発行の第八版。出版関係をご存知の読者であれば、八版というだけでいかに売れているかが想像されよう。一列車で五〇冊くらい売れる商品で、総販売部数は四万五〇〇〇部になるという。

車内販売するグッズ類は、ホールスタッフが商品開発をしている。この「旅のしおり」もホールスタッフの提案で作られたもので、内容もクルーが協力して作り上げた。それだけに実用的な内容だ。

目次に続く二～三ページで、まずはトワイライトエクスプレスの編成内容を案内している。何号車にどんな設備があるかが、これを見れば判るようになっているのだ。続く四～七ページがダイナープレヤデスの営業案内となっているところは、ダイナープレヤデスを営業する会社ならではというべきか。

八ページからは、沿線の車窓案内だ。通過駅も含めて全駅を記した路線図を描

ホールスタッフが発案・制作した『トワイライトエクスプレスの旅』。最終版までに8版をかさねた

# TWILIGHT EXPRESS
Timetable

| 駅名 | 8001着 | 発・通過 | 8002着 | 発・通過 |
|---|---|---|---|---|
| 大阪 | (11:11) | 11:50 | 12:53 | (13:02) |
| 新大阪 | 11:55 | 11:56 | 12:47 | 12:48 |
| 京都 | 12:24 | 12:25 | 12:15 | 12:18 |
| 大津京 | レ | 12:35 | 11:59 | 12:04 |
| 近江舞子 | 12:59 | 13:04 | レ | 11:33 |
| 敦賀 | 13:46 | 13:48 | 10:36 | 10:52 |
| 鯖江 | 14:22 | 14:28 | レ | 10:05 |
| 福井 | 14:39 | 14:40 | 9:54 | 9:56 |
| 芦原温泉 | レ | 14:53 | 9:33 | 9:39 |
| 金沢 | 15:37 | 15:40 | 8:49 | 8:51 |
| 高岡 | 16:14 | 16:14 | 8:18 | 8:18 |
| 富山 | 16:30 | 16:32 | 8:01 | 8:03 |
| 糸魚川 | レ | 17:28 | レ | 6:58 |
| 直江津 | 17:56 | 18:06 | 6:25 | 6:27 |
| 柏崎 | レ | 18:34 | レ | 5:58 |
| 長岡 | 19:02 | 19:04 | 5:17 | 5:29 |
| 新津 | 19:43 | 19:45 | 4:33 | 4:40 |
| 新発田 | レ | 20:08 | レ | 4:10 |
| 中条 | レ | 20:19 | レ | 3:59 |
| 越後早川 | レ | 20:47 | 3:30 | 3:32 |
| 藤島 | レ | 21:59 | レ | 2:26 |
| 酒田 | 22:16 | 22:18 | 2:05 | 2:08 |
| 秋田 | 23:47 | 23:56 | 0:35 | 0:37 |
| 大久保 | 0:14 | 0:18 | レ | 0:17 |
| 大館 | 1:26 | 1:27 | 23:09 | 23:10 |
| 弘前 | 2:02 | 2:03 | 22:32 | 22:33 |
| 津軽新城 | 2:30 | 2:34 | レ | 22:05 |
| 青森 | 2:42 | 2:55 | 21:13 | 21:53 |
| 蟹田 | 3:20 | 3:22 | 20:47 | 20:48 |
| 青函トンネル | 入口 | − | 出口 | − |
| 青函トンネル | 出口 | − | 入口 | − |
| 五稜郭 | 5:05 | 5:18 | 18:44 | 19:03 |
| 大沼 | レ | 5:38 | レ | 18:23 |
| 森 | レ | 6:00 | レ | 17:52 |
| 長万部 | レ | 6:50 | レ | 17:05 |
| 洞爺 | 7:18 | 7:18 | 16:23 | 16:33 |
| 東室蘭 | 7:52 | 7:54 | 15:48 | 15:49 |
| 登別 | 8:11 | 8:12 | 15:31 | 15:31 |
| 苫小牧 | 8:50 | 8:50 | 14:59 | 15:00 |
| 南千歳 | 9:10 | 9:11 | 14:39 | 14:39 |
| 札幌 | 9:52 | | | 14:05 |

H26.3.15改定

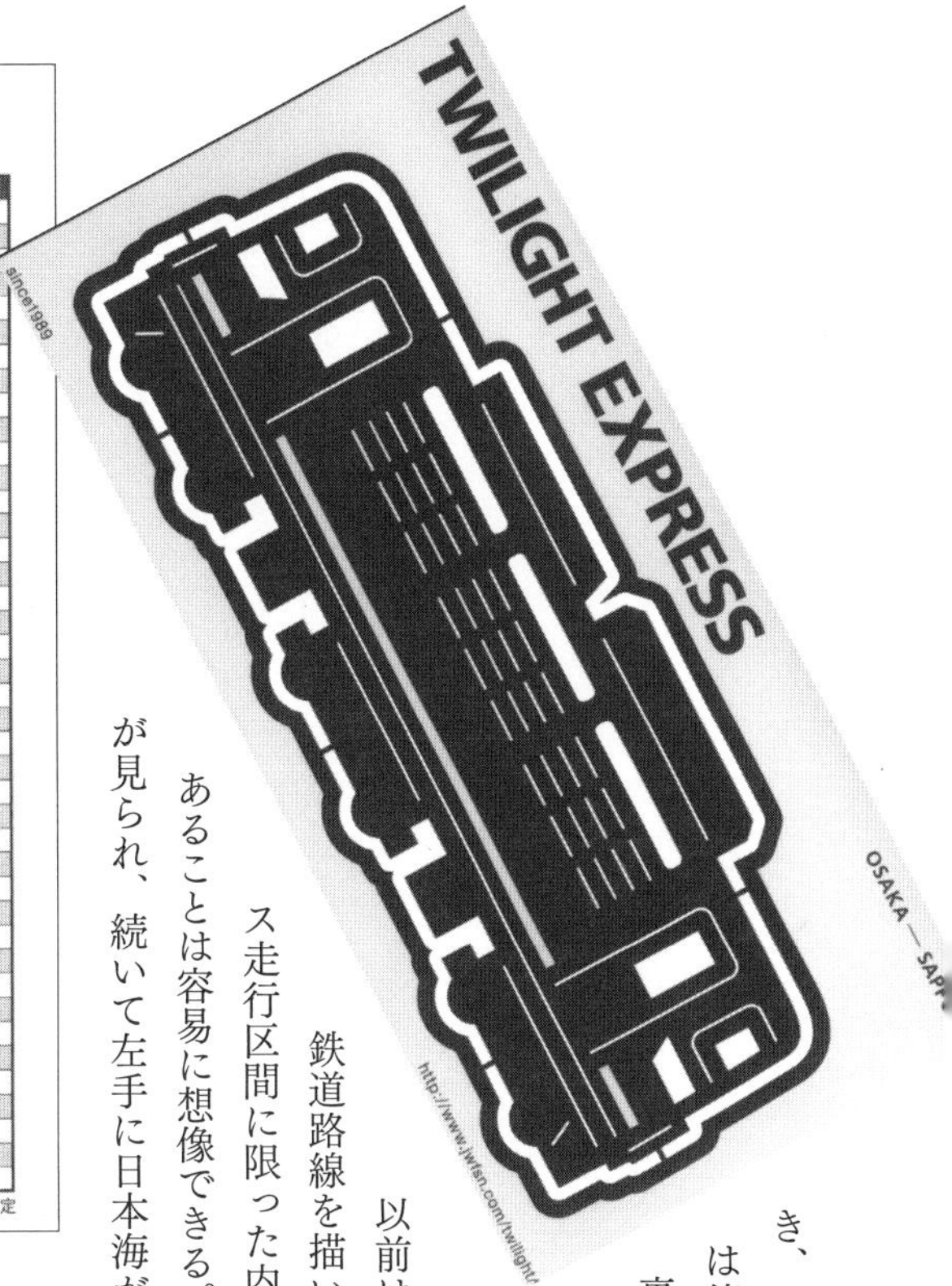


き、沿線の見どころが書き込まれている。停車駅には停車時間も書かれているほか、付録のしおりの裏面には全停車駅の発着時間も記してある。乗車したときには、この冊子をめくりながら旅を進めていくと、不案内な土地をより楽しめること間違いない。

以前は鉄道地図を販売していたというが、日本全国の鉄道路線を描いただけの鉄道地図と、トワイライトエクスプレス走行区間に限った内容を盛り込んだものでは、実用性に雲泥の差があることは容易に想像できる。たとえば富山県のページでは、右手に立山連峰が見られ、続いて左手に日本海が見られることを紹介したうえで、毎月一日と十五日の日の入り時間と日の出時間を一覧表にしている。それも、富山だけでなく札幌の時刻も記してある。トワイライトエクスプレスという列車名の由来となった、日本海に沈みゆく夕日と噴火湾でみられる日の出の時刻が、この一冊でわかるわけだ。

冊子の後半は、「旅のノート」となっている。その最初の頁には、乗車日・乗車駅・降車駅に加えて部屋番号の記載欄もある。続いて、大阪

『トワイライトエクスプレスの旅』付属の「旅のしおり」
裏（左）は停車駅および停車時間の一覧。
こういうものがあると、車内の過ごし方が変わってくる

駅から札幌駅までの全駅がページ左端に並び、駅名の右側に旅の記録や思い出が綴れるようになっている。

「トワイライトエクスプレス　札幌始発車窓ポイント」というページには、沿線の見どころが駅名・通過時刻・路線図の参照頁とともに記してある。たとえば稀《まれ》府《つぷ》という室蘭本線の無人駅には、こんなふうに書かれている。

Check point！《上りの車窓ポイントその②有珠山と昭和新山！》
列車行き違いのため停車します。これは交換列車と言われます。右側には有珠山と昭和新山が見えます。

土地鑑のない乗客にとって、これは画期的な車窓指南役となることは間違いないだろう。

乗客によっては、ネットで事前に購入して持参する人や、乗車するなり発車前に売って欲しいとわざわざダイナープレヤデスにまでやって来る人もいるという。そんなことも、この内容を見れば納得だ。

路線図とともに、クルーおすすめの見所が書かれている

# 第4章　食堂車の歴史

ダイナープレヤデスという食堂車は、日本の鉄道の歴史の中でどのような位置づけになるのだろうか。ここでは、日本における食堂車の歴史を簡単に振り返ってみたい。

## 食堂車の登場

日本に鉄道ができたのは一八七二（明治五）年のことで、新橋駅〜横浜駅間で開業したことはよく知られている。それから二七年経った一八九九（明治三二）年、のちに国鉄山陽本線となる私鉄の山陽鉄道が、日本初の食堂車を走らせた……これが定説となっている。神戸駅〜広島駅間の急行に連結した、寝台車と食堂車の合造一等車だった。ちなみに、この寝台車も、日本の鉄道では初めて登場したサービスだったとされる。瀬戸内海の舟運と覇を競っていた頃のことで、いずれも旅客サービスの向上を目指してはじまったようだ。

この食堂車は最初、山陽鉄道の直営だったが、すぐに神戸の自由亭ホテルに経営を委託した。当時、食堂車を利用する富裕層は外国人が多かったため、洋食を提供できる事業者を選定したのだ。明治時代だけに、洋食レストランはホテルくらいにしかなかったことは、容易に想像できる。この自由亭ホテルは、その後にミカドホテルと名称変更し、さらに駅構内の食堂営業にも業態を拡大して全国展開するにいたる。国鉄時代に、主要な駅にはたいていあった「みかど食堂」がそれだ。

山陽新幹線の車内販売

しかし、食堂車事業は国策により、一九三八（昭和一三）年に「みかど」も含めた六社を統合して「日本食堂」が誕生する。この日本食堂は戦後も国鉄の食堂車で営業を続け、一九八七（昭和六二）年に国鉄分割民営化が行われてＪＲが発足すると、各ＪＲ旅客会社のもとに新会社を設立することになる。

そのとき、ＪＲ西日本のもとにできたのが「にっしょく西日本」で、同社がいまではトワイライトエクスプレスのダイナープレヤデスや山陽新幹線の車内販売などを担当する、ジェイアール西日本フードサービスネットとなっているのだ。

つまり、ジェイアール西日本フードサービスネットは、日本初の食堂車営業を担った神戸の自由亭ホテルからの流れを受け継いでいる会社なのだ。ダイナープレヤデスが、当初から本格派フレンチレストランとして営業をしてきたのは、そんな歴史的背景が関係しているのかもしれない。

## 食堂車の栄枯盛衰

太平洋戦争中には、優等列車が廃止されるのに合わせて、列車食堂も廃止された。

戦後になって、まずは連合軍専用列車に食堂車が連結されたが、利用できるのは連合国の将兵やその家族などに限られていた。日本人が利用できるようになるのは、一九四九（昭和二四）年九月のことで、戦後初の特急「へいわ」が東京駅～大阪駅間を走りはじめた際に戦後初めて食堂車が組み込まれた。同特急は、翌

年「つばめ」に改称される。さらに戦後復興に合わせて特急・急行列車が次第に増発されていく。これにともない、食堂車も全国的に走るようになっていった。

この拡大基調が転機を迎えるのは、一九六四（昭和三九）年の東海道新幹線開業のときだ。東京駅～新大阪駅間を当初四時間、その後三時間一〇分で結ぶようになると、車内での食事はいらないか、軽食でよくなる。そのため、軽食を提供するビュフェ車は連結されたものの、本格的な食事を提供する食堂車は造られなかったのだ。

新幹線が開業すると、並行在来線の特急・急行列車が大幅に削減されるか廃止されるので、昼行列車を中心に食堂車が消えていくことになる。

山陽新幹線が博多駅までの全線を開業した一九七五（昭和五〇）年を前に、国鉄は新幹線0系に食堂車を造り、編成に組み込んだ。東海道・山陽新幹線は、東京駅～博多駅間となって乗客の乗車時間が長くなるためだ。一方、これによって西日本の在来線長距離列車は大幅に削減されたため、東海道本線に続いて山陽本線からも多くの食堂車が消えることになった。

その後の東北新幹線でも同様なことが起きたうえに、一九九〇（平成二）年頃のバブル期になると、長距離の移動は鉄道ではなく飛行機が主流となっていく。

この飛行機の台頭によって、新幹線が有利なのは乗車時間四時間までで、四時間を越えるとシェア争いで飛行機に太刀打ちができないことが実証されていった。そこで、JR各社は新幹線・在来線の高速化と長距離列車の廃止を進めることになる。長時間乗車がなければ、食堂車を連結する必要もないわけで、ここに食堂

国内の食堂車事情に大きな影響を与えた東海道・山陽新幹線0系

車廃止が加速することになった。

## 「北斗星」の登場

一九八七（昭和六二）年四月一日の国鉄分割民営化からほぼ一年後の一九八八年三月一三日、着工から二十七年を経て、ようやく青函トンネルが開通した。前述のとおり、ちょうど飛行機の利用が一般的になってきた頃で、本州と北海道を結ぶメインルートは、すでに青函連絡船から飛行機に移っていた。青函連絡船の輸送ピークから十五年もの歳月が経っていたのだ。つまり、待望の青函トンネル完成ではあったが、それは物流にこそ寄与するものの、旅客輸送に資するには、すでに機を失していたのだった。

その青函トンネルには、当時盛岡駅まで開通していた東北新幹線から接続する特急「はつかり」と、青森駅〜函館駅間を結ぶ快速「海峡」が設定された。

当時、ブルートレインはすでに斜陽化が進んでいて、利用者確保のために一両まるまるフリースペースとした「ロビーカー」の連結もはじまっていた。一方で個室のある車両は限られていて、一部の列車に連結されているA寝台車と、東京から九州に向かう伝統の「あさかぜ」「さくら」「みずほ」に連結される二人用個室「デュエット」や四人用個室「カルテット」があるだけだった。

こうしたブルートレイン冬の時代にデビューしたのが「北斗星」だ。青函トンネルの開通に伴い、本州と北海道を結ぶ象徴的な列車として、上野駅〜札幌駅間

廃止されるまで、国内最高峰の個室主体編成だった「あさかぜ1号」

を結ぶ豪華寝台特急として、鳴り物入りで登場した。

A寝台車はもちろん、B寝台車にも二人用個室「デュエット」と一人用個室「ソロ」も組み込んだ。A個室には当時最高級となる一人用個室「ロイヤル」を連結しており、個室内にシャワーまで備えられていることで話題となった。また、「北斗星」に組み込まれた食堂車には、列車食堂としては異例の「グランシャリオ」という名称が与えられるとともに、夕食の予約制を採用した。

当時、「グランシャリオ」の夕食は一回五〇分で、洋食もしくは和食を提供した。洋食は三〇〇〇円・五〇〇〇円・七〇〇〇円の三段階、和食は三〇〇〇円だった。ブルートレインに連結されていた食堂車では、夕食で一五〇〇円前後の料理を提供していたことからも、その高級志向が窺える。さらに、乗車時間が長くなることから、乗客が自由に使えるフリースペース「ロビーカー」を連結し、有料のシャワー設備もつけるなど、当時としては考えられる限りの車内サービスを詰め込んだ、あこがれの列車となった。

それだけに、「北斗星」は登場するや大いに注目を集め、定期一日二往復に加えて、臨時便だった一往復も定期化され、一日三往復体制となった。それでも輸送力が足りず、食堂車も個室もないB寝台車だけを連ねた臨時寝台特急「エルム」も一往復設定された。寝台列車が衰退の時代を迎えていたにもかかわらず、増発に続く増発は異例なことだった。いま振り返ると、この頃が日本の寝台特急史上、最後の輝きの時代だったかも知れない。

それでも、「北斗星」の人気はとどまるところを知らず、寝台券の入手は困難

青函トンネル完成の象徴として走りはじめた「北斗星」

を極めた。当時、筆者もなかなか寝台券を入手できず、ようやくキャンセル待ちで入手できたのが、二人用A個室寝台「ツインデラックス」であった。致し方なく、一人でありながら二人分の寝台料金を払ってまで乗ったものだ。当時は、世に言うバブル景気の真っ直中であった。

## 「トワイライトエクスプレス」の登場

人気の「北斗星」に対して、大阪駅からは日本海側を北上する寝台特急「日本海」が二往復設定され、そのうち一往復が青函トンネルを抜けて函館駅まで行っていた。しかし、食堂車はなく、函館編成にはA寝台車も連結されていない。まして、ロビーカーのようなフリースペースもない実質本位の列車だった。それだけに、JR東日本が走らせた「北斗星」を、JR西日本が意識しないはずがなかった。新生のJR旅客各社が、旅客サービスをいかにするかについて、試行錯誤しながら他社の動向も大いに気にしていた時代なのだ。

「北斗星」が走りはじめた翌年は、平成元年。その平成になった頃に、JR西日本は「日本海」と同じコースをたどって札幌駅にいたる、豪華寝台特急列車を計画した。「トワイライトエクスプレス」である。

「トワイライトエクスプレス」は、「北斗星」から約一年遅れて、まずは団体臨時列車として走りはじめた。その後、二編成目が登場したのを機に、「みどりの窓口」で誰もが買うことができる臨時列車となった。この一般客向けの最初の臨

開放B寝台車だけの短い編成で青函トンネルを抜けていた「日本海」

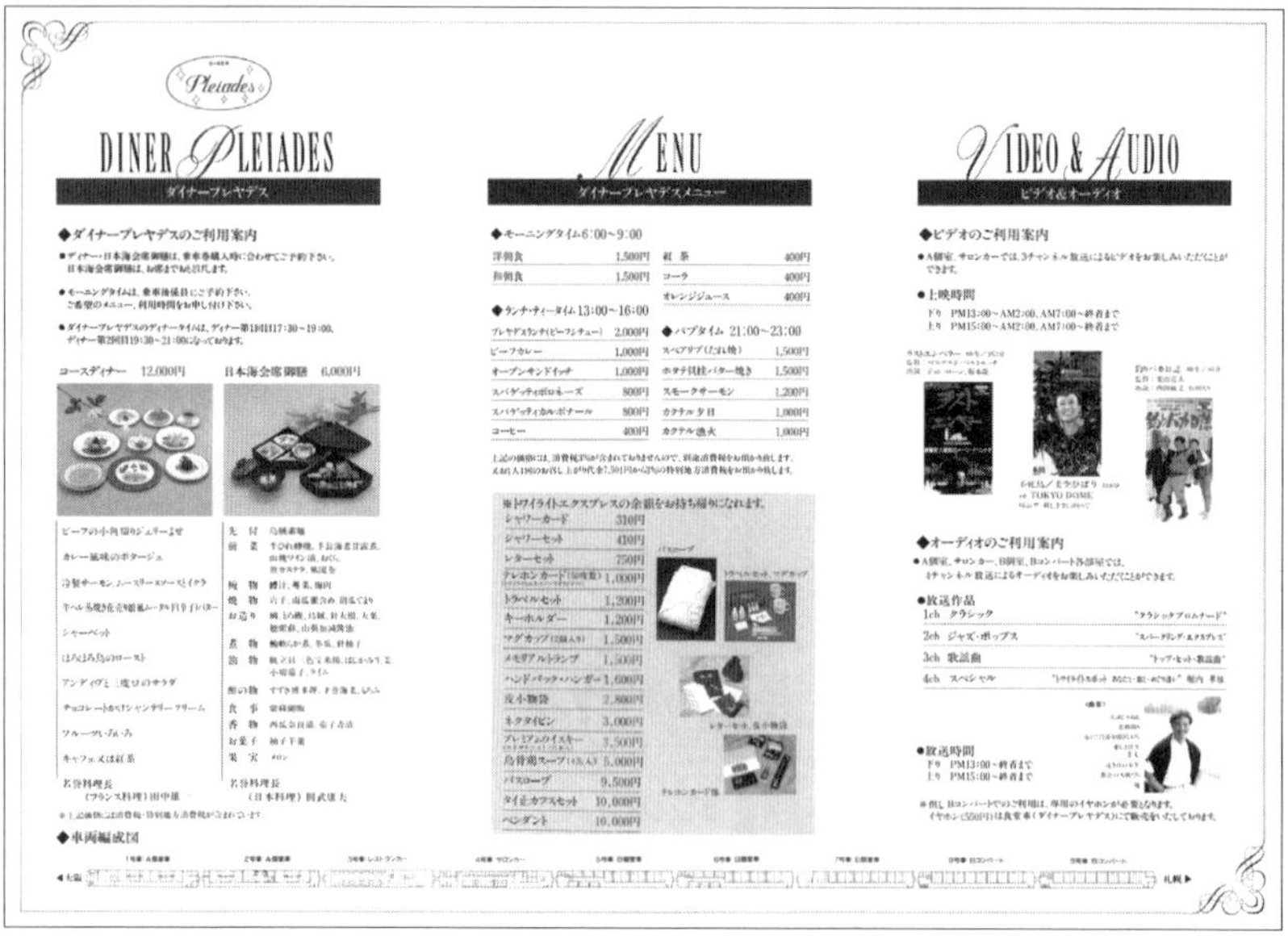


時列車は、一九八九年（平成元年）一二月二日に大阪駅を発車した。

　JR西日本が満を持してデビューさせた「トワイライトエクスプレス」は、あらゆる意味で特別だった。「北斗星」で好評を博した一人用A個室寝台「ロイヤル」に加えて、列車最後尾を旅客に開放する二人用「スイート」も組み込まれた。列車の最前部と最後部は、運転するための場所であり、事故時のことを考えても、旅客が近づけないようにするのが国鉄時代の考え方だった。最前部を開放して展望車とした「パノラマエクスプレスアルプス」や、最後尾を開放した「サロンエクスプレス東京」が国鉄末期にようやく登場しているが、その場所を個室にするという発想は私鉄も含めてなかった。

　B個室寝台も、一人用のシングルツインと、二人用のツインデラックスが連結され、「北斗星」以上に豪華な個室寝台主体の編成となった。相部屋となる開放B寝台でさえ、Bコンパートと呼ばれる廊下と寝室を区切ったものになり、高級感を出すとともにプライベート感が演出された。

　さらに食堂車は、ディナーでフレンチのフルコース料理を提供することとしたうえで、味のためには車内で調理することにこだわる体制とした。すべてにおいて「北斗星」を上回

初期の「車内営業のご案内」（1992年6月〜8月）

1992年夏メニュー（6月〜8月）

るサービスとすることを目標に開発された列車であることが、スペックを見れば誰にでもわかるものとなったのだ。

このように、長距離列車と食堂車が衰退していく時期に「トワイライトエクスプレス」は登場したわけだ。しかし、そこには個室中心で質の高いサービスをという時代を先読みした戦略があったため、その後四半世紀にもわたって乗客に支持され、活躍を続けることになる。

二〇一五（平成二七）年三月のダイヤ改正で、本州と北海道を結んでいた食堂車付き寝台列車のうち「トワイライトエクスプレス」は廃止となり、一往復だけ残っていた「北斗星」も、八月までの期限付き臨時列車となった。「カシオペア」はもともと臨時列車で、この時点では変化がない。他には、食堂車を連結している定期・臨時夜行列車はなくなっている。

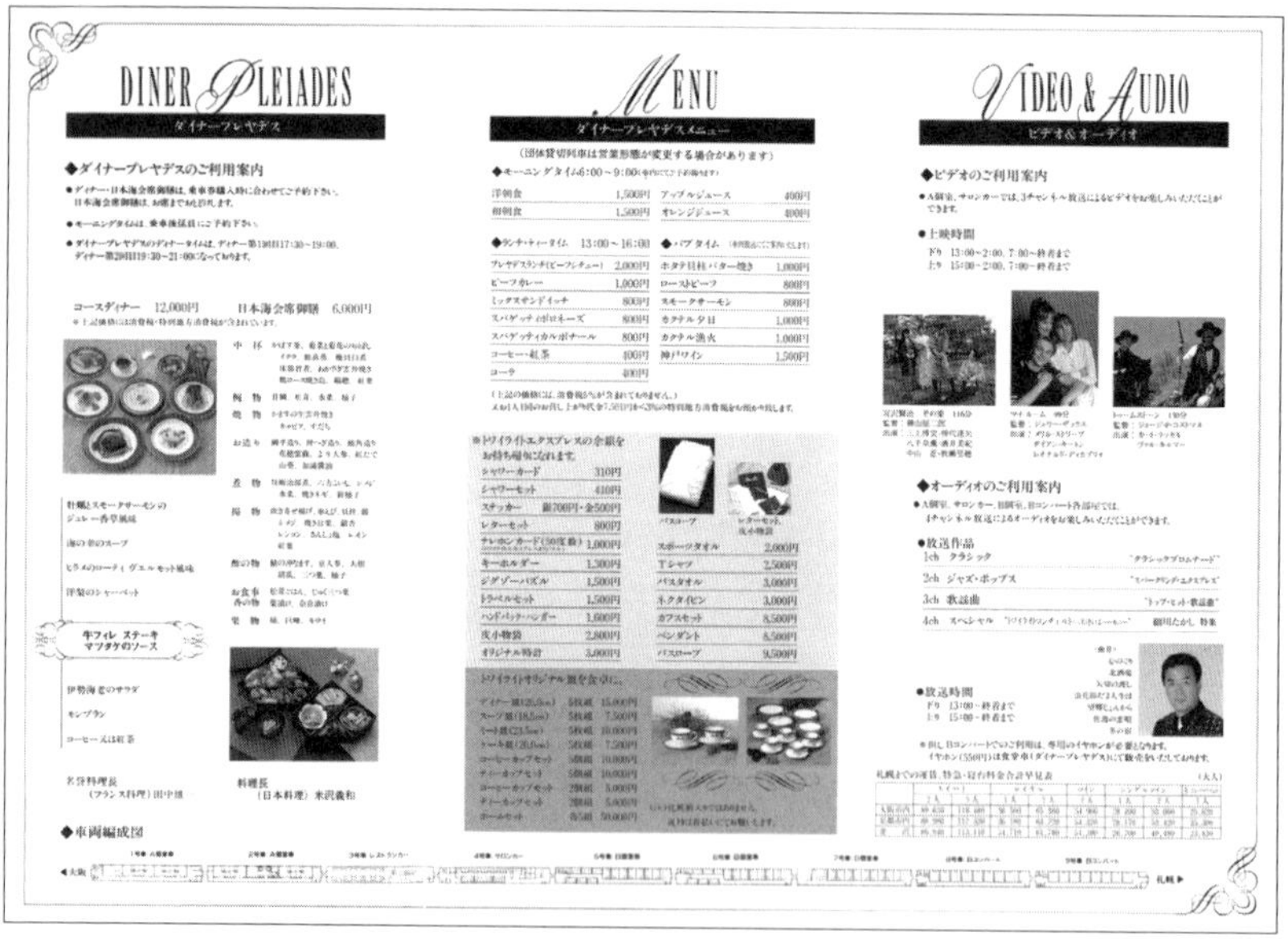


## 新たな食堂車の動き

長距離列車も食堂車も壊滅状態となった今日だが、車内で飲食ができる列車は各地に新たに登場してきている。その筆頭はJR九州が運行する「ななつ星in九州」で、贅を尽くしたクルーズトレインという新たな世界を切り開いた。その新機軸に対して、JR西日本は二〇一七（平成二九）年に、「トワイライトエクスプレス瑞風《みずかぜ》」というクルーズトレインを走らせることを発表し、JR東日本も同様な動きを公表している。

クルーズトレインとは、乗って楽しむことを前提としたツアー形式の列車で、飲食も含めた価格で旅行を申し込むことになる。そのため、従来の長距離列車とは違って時刻表には載らない。「みどりの窓口」で切符を買うこともできない。乗車するには、旅行会社で当該のツアーを申し込むことになる。

地方の第三セクター鉄道でも、飲食を楽しみながら乗る列車が登場していて、いすみ鉄道の「レストラン・キハ」、しなの鉄道の「ろくもん」、明知鉄道の「食堂車」、京都丹後鉄道の「丹後くろまつ」、肥薩おれんじ鉄道の「おれんじ食

「車内営業のご案内」（1997年9月16日〜12月15日）

堂」などは、どれも数時間の乗車中に地元の食材を楽しむ趣向で、そのプチ贅沢感が人気となっている。

JR在来線でも、クルーズトレインとして、レストラン鉄道「東北エモーション」、福島のフルーツを味わう「フルーティアふくしま」が走るほか、時刻表に載る列車として、新潟の地酒を楽しむ「越乃Shu・Kura」、地元の食材と海の景色を楽しむ「伊予灘ものがたり」など、趣向を凝らした列車がここ数年で次々と誕生している。

ただし、列車内で調理をするのはレストラン鉄道「東北エモーション」だけで、ほかは地上の厨房で作ったものを列車に運んで食べることが基本となっている。まして、個室と食事処が別という「トワイライトエクスプレス」のような列車は皆無だ。

前述した、開発中の新クルーズトレイン「トワイライトエクスプレス瑞風」は、列車内で調理したものを食べながら、個室で



1997年秋メニュー（9月16日〜12月15日）

旅を楽しむという、「トワイライトエクスプレス」が育んだオンリーワンの世界を、さらに一歩進めたものとなるであろう。いまから期待が膨らむ。

# 第5章　ディナーメニュー

ダイナープレヤデスで提供されるディナーは、トワイライトエクスプレス最大のイベントといって良いであろう。そのメニューは四季の変化に合わせて、年四回内容を変えて提供されてきた。夏期四ヶ月としていた時期もあったが、基本的には三ヶ月ごとにメニューを変更していた。

ところが、トワイライトエクスプレス運行最終年となった二〇一四年夏から二〇一五年のラストランまでは、夏メニューを四ヵ月間としたうえで、秋・冬の二回は二ヵ月ごとにメニューを変更するという方針が打ち出された。さらに、最終メニューは有名シェフとのコラボ企画とし、最後を飾るに相応しい、より完成度を高めた内容とした。

そこで、ここではダイナープレヤデスに関わる職人たちと、そこで提供されてきた歴代のディナーメニュー、そして最終の一年分のメニューをすべてご紹介しよう。

## 日本一のフレンチレストラン

トワイライトエクスプレスが一九八九年に団体臨時列車として走りはじめたときから、ダイナープレヤデスのディナーは、フレンチのフルコースのみの設定であった。そこには、できるだけ車内で調理をした本物の料理を提供するというコンセプトがあった。それだけに、地上での仕込みをどこまで行い、車内ではどこから調理をするのかという線引きが重要となる。

そのフレンチメニューは、二〇〇〇年冬から最終列車の走る一年前となる二〇一三～一四年の冬まで、一貫して総料理長の伊福部雅司《いふくべまさじ》が担ってきた。

伊福部は、日本のフレンチの草分けといわれる大阪の辻調理師専門学校（辻調）の出身で、ホテルでのシェフの経験を見込まれて、ジェイアール西日本フードサービスネットの前身となるジェイアールウエストレストラン（旧・にっしょく西日本）に入社した。辻調は、九州・沖縄サミットでの晩餐会の料理全般を担当するほど、フレンチの世界では一目を置かれている学校である。

入社時には、地上店のシェフをするつもりだった。ところが当時、同社にフレンチのメニューを書ける人材がいなかったうえ、当時の社長が料理に思い入れの深い人物であったため、入社翌年となる二〇〇〇年冬から、ダイナープレヤデスのディナー・メニューを考えるよう指名された。以来、ダイナープレヤデスで提供する食事の質向上に尽力してきたというわけだ。

ダイナープレヤデスのメニューを担当することになった伊福部は、トワイライトエクスプレスが走る沿線の食材にこだわってみたという。だが、こだわればこだわるほど、食材の安定供給が難しくなる。

まず一日に提供する数の問題がある。ダイナープレヤデスの席数は全部で二十八あるが、ディナーではこれが二回転する。それも、上下列車があるため、満席だと一日に一一二名もの乗客が同じメニューを食べることになる。結婚式や大規模なパーティーでもなければ、同一メニューのフルコースを一日にこれほど提供するところはない。文字どおり日本一の規模の本格フレンチレストランなのだ。

伊福部総料理長担当の2008年冬メニュー

それも、一度決めたメニューは三ヵ月間続ける必要があるため、そのあいだ安定して調達可能な食材を使う必要がある。メニューをあらかじめ提示し、みどりの窓口などで先に対価をいただいている乗客が相手だけに、「今日は良い食材が入ったので、特別メニューをご提供します」というわけにはいかないのだ。

また、往路は大阪駅で食材を積み込むため、そのまま当日のディナーとして提供できる。しかし、復路分も大阪駅で積み込んでいくため、復路のディナーは前日に積み込んだ食材を使うことになるのだ。

そのうえ、上下列車で同じ味を提供できる素材と仕込み方が求められる。

さらに、車内調理を前提とするものの、食事時間が九〇分と決まっているため、調理に時間をかけすぎることはできな

車内営業のご案内（2008年末～2009年冬）

い。適度な時間で調理ができるよう、事前にどこまで仕込んでおくと良いか計算をしておく必要があるのだ。メニュー作りには、まさに、パズルを解くような作業が必要となる。

その対応として、食材は国産を基本とするものの、トワイライトエクスプレスの走行線区にこだわることなく、安定調達ができることを優先した。たとえば、季節の野菜はダイナープレヤデスのために栽培をしてくれる農家を探し、契約を交わして安定供給を確保する。そのために、仕入業者がその農家の仕入れ用口座を設けるなど、問題をひとつひとつ解決していったのだ。このような信頼のできる農家・業者と長年にわたって取引をしていったおかげで、食材が足りないというトラブルは一切起きなかったという。もっとも、予想外の天候で冷や汗を掻いたことはあるという。これればかりは致し方ないことであろう。

## ホテルで経験を積んだシェフが集結

ダイナープレヤデスは、当たり前のことだが、列車内なので揺れる。さらに調理場が狭い。調理器具も決して最新のものではなく、揺れる車内でも安全に使用できるものが備え付けられている。安全のためガスが使用できないので、調理器具はすべて電気機器となっていて、火力を強くできないなどの制約もある。それらの条件のなかで、地上店に負けない最高のフレンチフルコースを提供するには、積み込み前の仕込みと列車内での調理のバランスが大切になる。また、列車内での調理方法についても、複数の料理長がいるため、味のバラツキが出ないようにきっちりとしたマニュアル整備が必要になる。

このように試行錯誤を繰り返していた二〇〇六年のこと、ダイナープレヤデスのクルーを一新することになった。そこで伊福部は、以前務めていた先などホテルで経験を積んだシェフたちを集めて、フレンチのプロ集団を作り上げることにした。そのメンバーが集まり、数年経ったところで、高いレベルの食事を安定して提供できるようになったと感じているという。

だが、メニュー作りの悩みが尽きることはなく、いまだにこれがベストだったと思うメニューはない。常に最善を尽くしているものの、あとになって、あれをこうすれば良かったという点が必ずでてくると伊福部はいう。

これほどストイックに、食堂車という限られたスペースで提供できる最高峰の食事を追求してきたからこそ、乗客からの評価はすこぶる高かった。ホールマネージャーの室巻は「負ける気がしない」とまで言い切る。

それでも、料理長たちは食事に対する乗客の反応が気になる。だからホールマネージャーに聞いてもらったり、予約が少なく時間に余裕があるときには、自らテーブルまで出向いて挨拶をし、意見を聞いたりもする。ほとんどの場合、美味しいと返ってくる。これはありがたいことだが、なかば儀礼的なやりとりであって、必ずしも本音とはいえない。しかし、なかには本音を言ってくれる人がいる。たとえば、

「良い意味で期待を裏切られた」

「地上のフレンチレストランと変わらない」

という声だ。それも、たまたまではなく、繰り返し聞くことができる感想だという。

料理長にとっても、クルーにとっても、こうした率直な反応がひときわ嬉しいことは言うまでもないだろう。

## 味を支える仕込み

車内で調理することを売りとしているダイナープレヤデスだが、素材を持ち込んでその場で調理するだけでは、感動される料理にはならない。たとえばフレンチの肝であるソースなどは、時間をかけて作り込む必要がある。ここが仕込みを担当する吉本料理長の腕の見せ所だ。

吉本料理長は、前述した二〇〇六年にホテルのシェフから転身したうちの一人だ。入社して、最初の三年はダイナープレヤデスに乗務していた。最新鋭の機器を積み込んでいるかと思ったら、クラシックな調理器具で驚いたという。そんな経験をしたうえで仕込みを担当するようになっただけに、乗車クルーの苦労や、車内で料理をする際の勘所はよくわかっている。

最高の味を提供するために、営業センターでは下拵《したごしら》えまでを担当し、調理はあくまでも列車内で行うことを大前提としている。ここが、作り置きの料理を温めて出すほかの食堂車とは大きく異なる点となる。

たとえば、ソースは十分な時間をかけて仕込んで積み込むが、魚・伊勢エビなどはあえて下拵えせずに冷蔵状態で積み込む。地上で下拵えして冷凍したものを使えば、車内の作業はラクになるが、それでは素材の良さを殺してしまう。何でも効率的にすればいいというものではない。

パンは、さすがに生地から作ることはできない。かといって、厨房で生地から作って寝かしておくこともできない。だから、本場フランスで半分まで仕上げて冷凍したものを空輸で取り寄せ、車内で解凍して焼く。こうすることで、焼き上がりの美味しいパンを提供してきた。復路分については、ドライアイスを二〇キロ積んでいき、札幌でもさらに二〇キロを追加して、冷凍状態を保つ。このドライアイスは、札幌駅で生ビールのサーバーとともに持ってきてもらっていた。

ホワイトアスパラは、当初、車内で塩茹でしていた。それほど手間のかかる作業ではないし、提供直前に茹でたほうが美味しいはずだ。ところが、ためしに営業センターで軽く塩ゆでしたうえで真空パックして寝かせ、列車内で提供できるところまで仕上げてみると、そのほうが美味しいことがわかり、作業手順を変更した。

テリーヌは、材料をすべてマリネにしておいてカットしたものに香辛料をかけ、その後に冷やして……と、出荷するまでに五日間もかかっている。これをそのまま提供するかと思えばそうではなく、列車内できんつば風に衣をつけて整形してから乗客に提供した。

どこまでの下拵えをするかは、車内での調理にどれくらいの時間がかかるかに

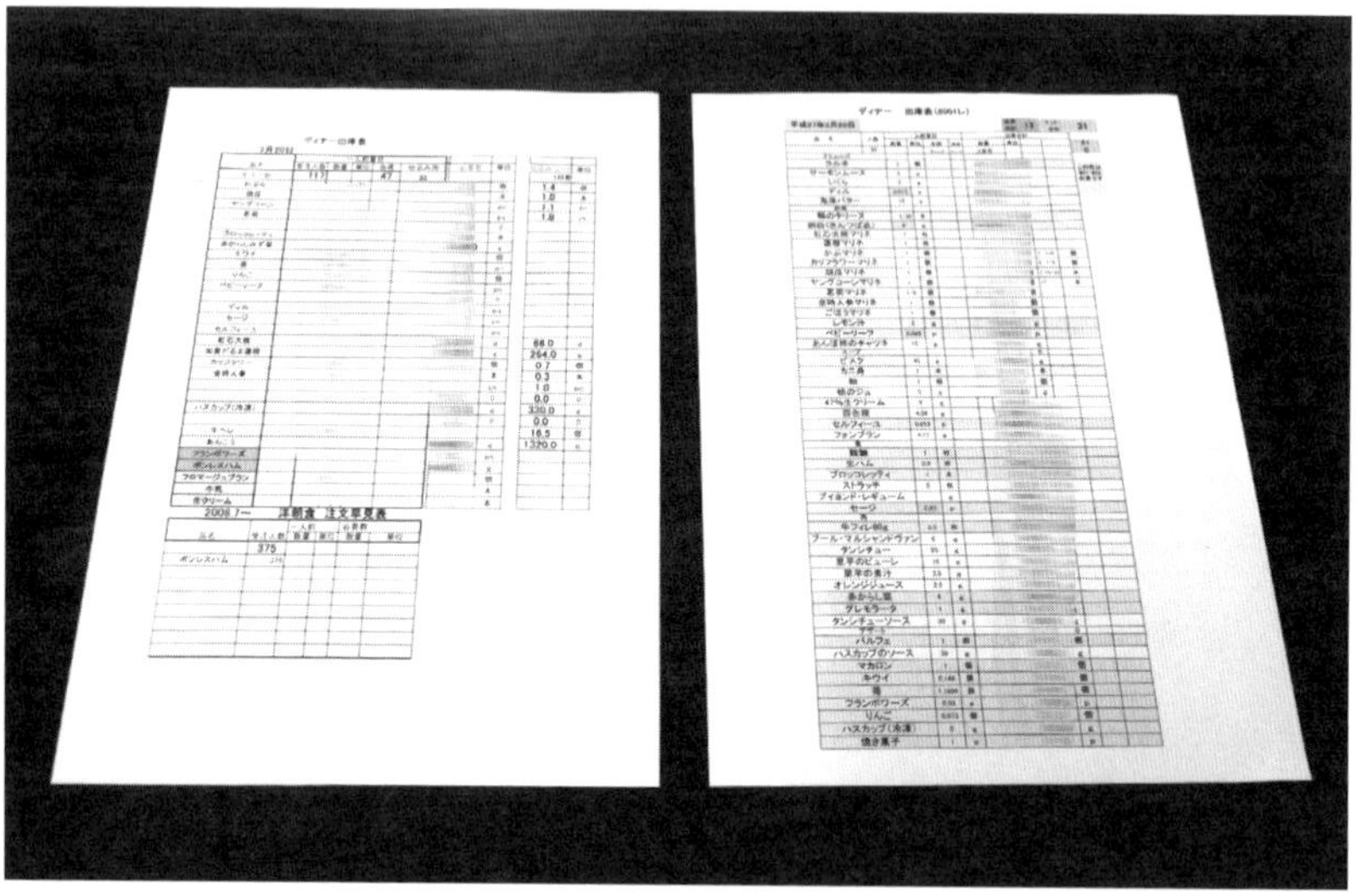


よって調整する。特に、新メニューを提供しはじめた頃は、実際に車内で調理してみると、地上で考えたことと違うことがあるため、営業センターに対して、ここまで対応して欲しいというように調整をすることもある。フレンチレストランで、午前中に仕込んでおいて、午後から調理して提供するのに、午前中にどこまで仕込むかということと同じ考え方だ。

一ヵ月先など長期で計画を立てて、必要なタイミングで必要な量を確保できるように仕込み量を調整していくため、トワイライトエクスプレスが走る日でなくても仕込む作業が必ずある。この長期計画と、

ディナー出庫表。必要な食材の種類と分量がひと目でわかるようになっている

トワイライトエクスプレスが出発する日の作業等を組み合わせて、日々のスケジュールが組んである。

そのなかでも緊張を強いられるのは、現行メニューをこなしながら、次のメニューを作りはじめるタイミングだ。両方のメニューをこなしつつ、最高の味を出してやろうと思うと、どうしても忙しくなってしまう。しかし、手を抜くわけにはいかないのだ。

仕入れについては、各メニューについて素材の必要量をすべてパソコンに打ち込んである。予約者数を入力すれば、一瞬で必要な食材の量がわかる仕組みで、その都度発注している。入荷した食材はすぐに使用して在庫を持たないようにしている。その分、仕入れ業者には無理を聞いてもらうことになるので、生半可な業者では、とても対応できないだろうとのことだ。

## 伊福部料理長のディナー・メニュー

ここで伊福部総料理長が担当した、最後の一年間のディナー・メニューを、写真とともにご覧いただきたい。

# Twilight Express

*Le menu de printemps*

*du 1er mars au 31 mai*

*Langouste, oreille de mer, St-Jacques, palourdes en salade de printemps*

**伊勢海老、鮑、帆立貝、蛤のサラダ仕立て フヌイユとトリュフ風味**

伊勢海老、アワビ、帆立貝はフヌイユからとった出し汁で香りを移しながら蒸し焼きにします。蛤は白ワインで火を通してからもう一度オリーブ油で焼き上げます。それぞれにポロ葱のソースを添えました。お皿の中央には、あしらいの香草類も含め15種類の野菜を盛り付けています。こちらはトリュフのドレッシングとキャビアを添えました。

*Velouté d'asperges blanches*

**ホワイトアスパラガスのヴルーテ**

ヴルーテというのは、バターと小麦粉のルーで濃度をつけたスープのことをいいます。旬のフレッシュのホワイトアスパラを使いました。浮き実にはオーブンでカリッとさせた茶美豚のベーコンを添えました。

*Sébaste poêlé aux fèves, beurre blanc et jus d'americaine*

**メバルのポワレ タイム風味のそら豆と木の芽添え**

メバルはフサカサゴ科の魚で春に旬を迎え、煮つけにされることが多い魚です。フランスでもメバルに似た魚が獲れ、地中海からロワール川までの大西洋に生息するセバストがこれに当たります。このセバストもブイヤベースのような煮込みにされることが多い魚ですが、今回はポワレにし、日本の木の芽と合わせています。

*Steak de filet de bœuf, pommes Anna et TARANOME*

**黒毛和牛のステーキ ポンムアンナとタラの芽のキャラメリゼ**

黒毛和牛のフィレ肉を提供のタイミングに合わせて列車の中で焼き上げます。焼き上がったお肉はゆっくりと休ませ、余熱でじっくりと中まで火を通します。付け合せはじゃがいものアンナ風(ポンムアンナ)です。『幻のじゃがいも』と呼ばれる「インカのめざめ」を使いました。黄金色の中身と栗のような食感が特徴です。

*Glace au thé et crème à l'orange, avec gelée au thé Earl Gray*

**アールグレーのアイスクリームとジュレ オレンジクリームとキャラメルソース添え**

紅茶のアールグレーを使ったデザートです。お皿の中でクリームやソースと混ざってしまわないように紅茶のジュレはグラスに入れて別添えにしました。食べ方に決まりはありません。口直しとしてそれだけで味わったり、クリームとの調和を楽しむなど、お客様ご自身の食べ方で楽しんで下さい。

*Café ou thé*

**コーヒー又は紅茶**

お食事の最後は、近年注目を集める、スマトラ島最北部のアチェ州で生産されるアチェ・マンデリンを召し上がって頂きます。マンデリンの特徴はその酸味にあるといわれますが、深煎りすることで優雅でソフトな口当たりに仕上がっています。

2013年春メニュー（3月1日～5月31日提供）

# Twilight Express

*Le menu d'été*

*du 1er juin au 31 août*

*HAMO en beignets de coco au gingembre et foie gras de canard, caviar d'aubergine et pistou*

**ココナッツ風味の鱧のベーニエと鴨のフォワグラのソテー**

**賀茂茄子とバジルの二種ソース**

ベーニエはふわふわの衣をつけて揚げたフリッターのことです。衣は揚げる素材に合わせて、味付けや配合を変えます。今回は、にんにくや生姜、コリアンダー、エストラゴン、ココナッツミルクなどで風味をつけました。添えた賀茂茄子のソースがフォワグラとの調和を保ってくれます。

*Soupe de pêches froides*

**白桃の冷製スープ**

桃のスープですがベースはじゃがいもの冷製スープ（ヴィシソワーズ）です。仕上げにシェリー酒で香りをつけます。

*Homard bleu au risotto*

**オマール海老のポワレ コライユ入りリゾット添え**

オマール海老は、「オマール・ブルー」と呼ばれるヨーロッパ産を使用します。主な産地はアイルランドやスコットランドで一部はフランスのブルターニュ地方のものも含まれます。プリッとした食感が特徴です。リゾットはこのオマール海老のコライユ(卵巣)を加えています。

*Steak de filet de bœuf à la provençale*

**黒毛和牛のステーキ プロヴァンス風**

黒毛和牛のフィレ肉を提供のタイミングに合わせて列車の中で焼き上げます。焼き上がったお肉はゆっくりと休ませ、余熱でじっくりと中まで火を通します。オリーブオイルで火を通したプロヴァンス風の付け合せを添えています。

*Compote de rhubarbs et aloès, gelée de litchi, sorbet au yaourt*

**ルバーブとアロエのコンポート ライチのジュレ ヨーグルトのシャーベット**

ルバーブは強い酸味が特徴のタデ科の植物で、茎を食用にします。リンゴや赤いフルーツともても相性が良いことから、苺のシロップを使って真空調理にしました。アロエはヨーグルトに入れることでよく知られています。今回は、フレッシュを使用し、バニラで香りをつけました。

*Café ou thé*

**コーヒー又は紅茶**

最後のコーヒーはタンザニアのAAアデラです。アフリカのキリマンジャロの麓で獲れた豆は、丁寧に手で摘み取られ、精製工場へと集められます。さらにそこで人の手によって一粒一粒、欠点豆が取り除かれます。完熟の大粒AAクラスの豆は、甘い香りと濃厚なコクがあり、食事を締めくくるには最高のコーヒーです。

2013年夏メニュー（6月1日〜8月31日提供）

# Twilight Express

*Le menu d'automne*

*du 1er Septembre au 30 Novembre*

*Coupe de homard en gelée de coquillage*

**オマール海老のクープ ムール貝、蛤、くるみのジュレ**

クープというのはガラスの器に盛った料理のことです。柔らかくお皿に盛付けると崩れてしまうものはこのような形で提供されることがあります。貝類とくるみのゼリー、トマトのソース、バジリコのソース、オマール海老のソテーとコライユ（卵）、キャビア、フヌイユの泡のソースが層になっています。

*Crème de champignons*

**シャンピニオンのポタージュ**

シャンピニオンはフランス語でマッシュルームのことです。特殊な旨味のもととなるアミノ酸があるため料理素材として非常に珍重されます。

*Branchiosège poêlé, poireaux à la crème et beurre blanc aux truffes*

**甘鯛のポワレ ポロ葱とトリュフのソース**

甘鯛の身はとても水分が多い魚です。ひと塩して適度に水分を抜き旨味を引き出すのが調理のポイントです。ソースはポロ葱の甘味を充分に引き出したクリームソースとトリュフを加えたバターソースです。付け合せはパルメザンチーズのチップと生野菜を添えています。

*Steak de filet de bœuf et feuilleté au SHIMEJI*

**黒毛和牛のステーキ 大黒しめじのパイ添え**

黒毛和牛のフィレ肉を提供のタイミングに合わせて列車の中で焼き上げます。焼き上がったお肉はゆっくりと休ませ、余熱でじっくりと中まで火を通します。付け合せは大黒しめじをつかったパイです。パイに玉葱とベーコンを敷き、その上に大黒しめじをのせてオーブンで焼いています。

*Soupe de poire au gingembre*

**梨のスープ仕立て 生姜風味**

和梨を使ったデザートです。赤ワインで煮た梨のコンポートに生姜とカルダモン風味のスープを組み合わせています。添えているシャーベットはポワ—ル・ウイリアムスという洋ナシを使いました。

*Café ou thé*

**コーヒー又は紅茶**

食後のコーヒーはレインフォレスト・アライアンスの認証を受けたヘカント農園の「ブラジル」です。レインフォレスト・アライアンスとは、地球環境や野生動物の保全など自然環境への配慮、農薬の制限や廃棄物の管理など一定の基準を満たす農園に対して与えられる認証です。

2013年秋メニュー（9月1日～11月30日提供）

# Twilight Express

*Le menu d'hiver*

*du 1er décembre au 28 février*

*Terrine de foie de canard, compote de pommes et gelée au porto*

**鴨のフォワグラのテリーヌ リンゴのコンポートとポルト酒のゼリー添え**

鴨のフォワグラはコニャックやマデラ酒、香辛料などに漬け込み、これを湯煎のオーブンで焼き上げます。りんごのコンポートやポルト酒のゼリーで層にして仕上げています。付け合せには真空調理した姫りんごやりんごのチップ、ミントの葉を添えています。ミントの爽快感が濃厚なテリーヌと非常に良く合います。

*Crème de navet au bacon*

**ベーコン風味の冬かぶらのスープ**

旬のかぶらを使ったスープです。ベーコンは仕上げで漉してしまうため、中には入っていません。口に含んだ時に感じるかすかな燻製香がベーコンです。

*Mérou rôti, sauce beurre de céleri-rave et cheveux de céleri-rave en boule*

**メルーのオーブン焼き 根セロリ風味**

日本の魚の「はた」はフランス語では「メルー」といいます。非常に種類が多い魚ですが、日本では高級魚とされています。低温のオーブンで柔らかく焼き上げ、アクセントにエスプレット唐辛子をふっています。ソースや付け合せには根セロリを使いました。

*Steak de filet de bœuf, cannelloni poireau-truffe et salsifis à la crème de truffe*

**黒毛和牛のステーキとトリュフを使った付合せ二種**

黒毛和牛のフィレ肉を提供のタイミングに合わせて列車の中で焼き上げます。焼き上がったお肉はゆっくりと休ませ、余熱でじっくりと中まで火を通します。付け合せは下仁田ねぎとトリュフのカネロニ仕立てとエスカルゴバターで仕上げた堀川ごぼうとトリュフのクリーム煮です。

*Ensembre de gingembre, ananas et coco*
*Gelée de champagne, sorbet à l'ananas au gingembre,mousse de coco et Dacqoise*

**生姜とパイナップル、ココナッツのアンサンブル**

**シャンパンゼリー、生姜とパインのシャーベット、ココナッツのムースとダクワーズ**

相性のよい生姜、ココナッツ、パイナップルを組み合わせたデザートです。クープ（グラス）にはシャンパンのゼリー、ゴールデンパインのピューレ、生姜とパインのシャーベットを層にして盛り込んでいます。横に添えているのはココナッツのムース、ダクワーズ、ゴールデンパインのマーマレードです。食べ方に決まりはありません。色々な組み合わせを楽しんで下さい。

*Café, thé ou thé infusion*

**コーヒー、紅茶又はハーブティー**

食後はRA認証（レインフォレスト・アライアンス）を受けているニカラグアのモニンボ農園のコーヒーで、1,250〜1,350mの高地で栽培されています。やわらかな甘みと軽やかな酸味、焙煎によるコクがバランスよく口の中に広がります。

2013〜2014年冬メニュー（12月1日〜2月28日提供）

## 最後の一年を託された神野料理長

トワイライトエクスプレスが二〇一五年三月のダイヤ改正で廃止されることが内定したことをうけ、伊福部は最後の一年間のメニュー作成を、これまで育ててきた部下に任せることにした。そこで白羽の矢が立ったのが、神野友哉《かんのともや》だった。

ホテルのシェフ時代に加えて、列車内でも相当の場数を踏んできた神野だが、そのメニューを考えるのはこれが初めてだ。地上のそれとは勝手が違う。伊福部の指導を仰ぎながら、ダイナープレヤデスに適した料理を模索していった。

とはいえ、料理長としてダイナープレヤデスに乗務しているので、メニュー作りに専念することができない。悩んだ神野は、毎日こつこつと積み重ねるのではなく、調べ物などの諸準備を進めたうえで、最後はまとまった時間をとって一気に詰めることにした。

休みの前日にレシピを考え、そのアイデアがまとまるまで徹底して考え続けることを自らに課した。まずはメインを考え、その後に前菜などを考えていく。前後の料理がうまくつながらないときには、間に一品を入れることでうまくつながることなども学べた。アイデアがまとまったときには、夜空が白んでいることも度々あったが、結果として自分自身がひとつ階段を上れたと感じたという。

メニュー作成は一度だけではない。季節ごとにメニューが必要となるのだが、例年通りにいくと最後の春メニューが三月一日〜一三日という半端な日数となってしまう。そこで、最終年のメニューは特別に次のような日程で提供することになった。

- 三月一日〜五月三一日　　二〇一四年春メニュー
- 六月一日〜九月三〇日　　二〇一四年夏メニュー
- 十月一日〜十一月三〇日　二〇一四年秋メニュー
- 十二月一日〜一月三一日　セミファイナルメニュー
- 二月一日〜三月一三日　　ファイナルメニュー

最初の春メニューは例年どおり三ヵ月間の提供で、夏メニューは四ヵ月間に延ばした。この二回でメニューの書き方を体得した神野は、秋とセミファイナルで伊福部から新たな境地に挑戦するよう指導された。

神野友哉料理長

## MENU

帆立貝柱のクープ仕立て
2種類のジュレとフヌイユ、菜の花のピューレ

レンズ豆のスープ カプチーノ仕立て

真鯛のシャンパンソース
オレンジ風味のホワイトアスパラ添え

黒毛和牛のステーキ ロッシーニ風

春の赤いフルーツ淡雪仕立て
キャラメルソースとバニラのアイスクリーム添え

コーヒー又は紅茶

## ごあいさつ

帆立貝と2種類の野菜、2種類のジュレを使った前菜です。クープには、ポワレにした帆立貝、フヌイユと菜の花のピューレを温かい状態で盛付けています。横に添えているのは2種類のジュレです。ひとつはタイムと生姜、もう一つはパスティスというリキュールで風味をつけています。ジュレをクープに混ぜてお召し上がり下さい。

レンズ豆のスープにカプチーノのようなミルクフォームを浮かせて仕上げたスープです。アクセントとしてマニゲットと山椒を添えました。レモンのような香りと胡椒のようなスパイシーさがマニゲットの特徴です。

フランス、ボーモン・デ・クレイエールのシャンパン、グランネクター（中甘口のシャンパン）をソースに使っています。エシャロットと一緒に煮詰めるだけで絶妙な甘さと酸味に仕上がります。付け合せには旬のホワイトアスパラガスのオレンジ煮を添えています。

フォアグラのソテーとトリュフを添えた「ロッシーニ風」のステーキです。ロッシーニはイタリアのオペラ作曲家で、グルメであったことから料理名ではよく登場します。付け合せとしてウスイエンドウのフランセーズとじゃがいものゴーフレットを添えています。

苺、チェリー、フランボワーズなど春の赤いフルーツを使いました。ふわふわのメレンゲ（淡雪卵）、ラム酒の効いたキャラメルソース、バニラのアイスクリームはどの組み合せでも美味しく召し上がれます。

食後のコーヒーはエチオピア・イルガチャフィ地区のモカです。モカの特徴はフルーティーな香りと独特の酸味です。今回は少し深めに焙煎していますので、酸味はあまり感じられず、モカ独特の柑橘系の香りが引き立っています。

ダイナープレヤデス　料理長　神野　友哉

2014年春メニュー（3月1日〜5月31日提供）

MENU

オマール海老とセロリのピューレ
蕪とオレンジのサラダ仕立て
ヴァニラの香り

2層のヴィシソワーズ
ローズマリー風味

マナガツオのオーブン焼き
プロヴァンス風

黒毛和牛のステーキ
夏野菜のロースト
じゃがいもとにんにくのクレープ

ローストしたマンゴーのゼリー仕立て
ヴェルベーヌのシャーベット

コーヒー又は紅茶

ごあいさつ

オマール海老は、「オマール・ブルー」と呼ばれるヨーロッパ産を使用します。ブリッとした食感が特徴です。オマール海老には、角切りにした蕪・セロリ・オレンジのサラダと温かいセロリのピューレを添えました。香りつけのヴァニラは主にデザートで使う香辛料ですが、今回はセロリや蕪、オレンジと合わせてみました。

冷製スープの定番ヴィシソワーズ（じゃがいもの冷製スープ）を、2種類のスープに分けて仕上げました。ローズマリーと2層のスープが程良く混ざり合い、変化する味わいをお楽しみ下さい。

マナガツオを香味野菜と一緒にオーブン焼きにしています。南フランス・プロヴァンス地方で使われる夏野菜、トマト・茄子・バジル・パプリカなどの食材を付け合わせにしています。

黒毛和牛のフィレ肉を提供のタイミングに合わせて列車の中で焼きあげます。焼き上がったお肉はゆっくりと休ませ、余熱でじっくりと中まで火を通します。色とりどりの夏野菜と、じゃがいも生地のクレープを添えています。

レモンのような香りが特徴のグリーンカルダモンのゼリーと、マンゴーの果肉を合わせています。添えているシャーベットはハーブティーの定番、ヴェルベーヌ（レモンバーベナ）です。料理を締めくくる爽やかな一皿です。

食後のコーヒーは、インドネシアバリ島の活火山バツール山の麓、28指定地区で栽培されているティピカ種の「バリ神山ハニー」です。南国の太陽で、天日乾燥し厳選され出荷される無農薬栽培のコーヒーです。紅茶（ダージリン）、ハーブティー（カモミールまたはブレンド）もご用意しております。

ダイナープレヤデス　料理長　神野　友哉



2014年夏メニュー（6月1日～9月30日提供）

## お料理について

今年の5月28日、寝台特急「トワイライトエクスプレス」（大阪～札幌）の運転終了が発表されました。今年はトワイライト運行「25周年」と同時に「ファイナル」を迎えることになりました。今までの感謝の気持ちを込めて食堂車「ダイナープレヤデス」では、来春の「さよなら」まで、料理長が腕を振るった企画メニューを提供することになりました。

その第一弾として「秋の味覚メニュー」と題して、フランス産のきのこにスポットを当てたディナーをご用意いたしました。毎週、フランスから空輸で運ばれてくる「トランペット（黒ラッパ茸）」「シャントレル」「ジロール（あんず茸」など、日本では見ることが出来ないキノコの数々と世界三大珍味の「フォワグラ」「キャビア」「トリュフ」を使った秋メニューです。「ダイナープレヤデス」での優雅なひとときを心行くまでお楽しみ下さい。

## “ヴォーヌ・ロマネ”と“ムルソー”

“ヴォーヌ・ロマネ”はブルゴーニュできっての人気ワインです。1本数百万円にもなる世界一高級な赤ワイン“ロマネ・コンティ”の畑がある村としても有名です。今回の秋の味覚メニューにあわせ、この「ヴォーヌ・ロマネ」をおすすめワインとしてご用意いたしました。ブルゴーニュワインの長所を全て持ち合わせている素晴らしいワインです。溢れる果実味、滑らかな酸味、適度な渋みなどの完璧なバランスが味わえます。

おすすめ白ワインにはブルゴーニュでもトップクラスの銘醸地“ムルソー”のワインをご用意いたしました。ムルソー（村）にはグラン・クリュと呼ばれる特級畑がないものの、世界的に高い名声を獲得している一級畑がいくつもあります。熟成によって上品さが加わりバターやナッツを想わせる余韻、土壌のミネラルから由来する複雑さと上品さが特徴です。ムルソー（村）のワインはフランス大統領官邸エリゼ宮の晩餐会御用達ワインとしても有名です。

## 秋の味覚メニュー

**フォアグラとフランス産きのこのソテー　ヘーゼルナッツとオレンジの香り**

フランス産のジロール、シャントレルという茸を使った前菜です。ソテーしたフォアグラに、オリジナルのスパイスミックスをふり、これをアクセントにしています。フォン・ド・ヴォーのコク、オレンジの酸味、ヘーゼルナッツオイルの香ばしさが絶妙に混ざり合い、ソースとして個性のある食材をまとめています。

**贅沢にトリュフを使ったポタージュ**

これぞ、まさしく「トリュフ」そのものといえる一皿です。トリュフの風味を存分に味わって頂くために、たっぷりと使用しポタージュに仕上げています。最後にトリュフオイルを加えることで、さらに香りを高めました。

**アワビの低温調理　トランペット茸とアメリケーヌソース**

アワビは低温でゆっくりと加熱することにより、非常に柔らかく仕上がります。トランペット茸と香草のディル、肝のピューレ、アメリケーヌソースを合わせることにより、様々な味の変化をお楽しみいただけます。

**黒毛和牛のステーキ　花付ズッキーニともち米のサフランリゾット**

黒毛和牛のフィレ肉を提供のタイミングに合わせて列車の中で焼きあげます。焼き上がったお肉はゆっくりと休ませ、余熱でじっくりと中まで火を通します。付け合わせは、花弁をサクッと揚げた花付ズッキーニと黄金色に輝くサフランライスです。

**フレッシュな洋ナシ　シナモンのアイスクリームを添えて**

洋ナシと相性の良いシナモンをアイスクリームにして添えています。ソースは、ラム酒の香るキャラメルソースと、濃厚なヴァニラ風味のアングレーズソースです。仕上げに黒胡椒をふり、甘さの中にもキレのある味に仕上げています。

ダイナープレヤデス　料理長　神野　友哉

## 最終年の凝った秋メニュー

秋メニューとセミファイナルメニューは、それぞれ提供期間が二ヵ月間しかない。前のメニューを乗客に提供しはじめたときに、もう次のメニュー作成に取り掛かるという、時間に追いかけまくられる一年間となったという。

さらに秋メニューでは、伊福部からフランス産の生キノコ三種類を使う提案を受けた。これまた試行錯誤したことで、大いに勉強になったという。冷凍でない生キノコは、伊福部が素材として使いたく思っていながらも、それまで挑戦ができなかった素材だった。それというのも、客に提供するにはあまりに手間がかかるためだった。

特に大変なのは仕込みの吉本料理長の担当部分だった。生キノコはフランスから毎週火曜日と土曜日に合わせて十キロ近くが空輸されてくる。ところが、生の状態を保つために、土はもちろんのこと、葉や小さな虫までも一緒についてくるのだ。吉本は、これらひとつひとつについても、刷毛とブラシで丁寧に掃除していく。

これが膨大な手間で、本場フランスの店でも、食べているとジャリッという音がすることがあるという。吉本がその点

を伊福部に確認したところ、「トワイライトで〝ジャリッ〟はアカンよ！」と念を押されてしまったという。
致し方なく、来る日も来る日もこつこつとキノコの掃除に明け暮れることになるが、仕事はそれだけではない。その後の仕込み業務に加えて、ほかの食材の仕入れから仕込みに至るまでの業務も毎日あるのだ。とても時間が足りず、乗務しない日のクルーたちやアルバイトにも、休日出勤して手伝ってもらうことになった。夢に見るほど苦労した、あれほどの手間暇を掛ける作業はもう勘弁だというが、この苦労はのちに報われた。
日々の乗務をこなしつつ秋メニューを手がけた神野料理長は、乗客の反応に驚いたという。「おいしかった」「ありがとう」はいつも聞いてきた言葉だが、この秋メニューで初めて「感動した」と言われたのだ。それも、たまたま乗客の一人が感想として述べたのではない。最初はホール担当から伝え聞き、その



2014年秋メニュー（10月1日～11月30日提供）

後、別の機会に、つまり別の人に自分で挨拶にいったときにも、じかに同じ感想を聞くことができたのだ。どうやら、本心で感動してもらえる料理になったようだった。

常連の乗客からは、「原価は大丈夫ですか？」とまで心配されたし、数え切れないほど乗車している人からは、「これまでで一番美味しい」とも言ってもらえた。

さらにファイナルメニューの際には、「秋メニューで感動したので、ファイナルを食べるために再び乗車した」という人までいたという。この人は話す内容からして相当に食に詳しい人と推測されただけに、これまたクルーにとって光栄なことであった。

このように、食べた者に感動を与えられるほどの料理を列車内で提供していたことを、どれだけの人が知っているだろうか。ダイナープレヤデスが国内最高峰の列車食堂であることはよく語られるものの、それは食堂車という制約のある場所での基準だと捉えられがちだ。しかし、実際には食堂車のレベルを超えた、本物のフレンチを提供していたといえよう。

## 渾身のセミファイナルメニュー

話題作となった秋メニューに続く冬メニューは、セミファイナルメニューだ。クリスマスと正月という二大祝賀イベントの期間に提供するメニューとなる。

## 今回の特別メニューは “お祝い料理”がテーマです！！

食堂車「ダイナープレヤデス」では、ご好評頂きました「秋の味覚メニュー」引続き、12月、1月限定でセミファイナル特別メニューをご用意致しました。日本とヨーロッパの「お祝い料理」にスポットを当て、メニューを構成しています。冬の味覚に加え、日本とヨーロッパのお祝いに欠かせない食材を使用し、趣向を凝らした内容となっています。ダイナープレヤデスでの優雅なひとときを心行くまでお楽しみ下さい。

## デザートの“ガレット・デ・ロワ”でアーモンド探し 当った方には素敵なプレゼントをご用意しています

“ガレット・デ・ロワ”はフランスで新年をお祝いする定番スイーツです。このお菓子に隠れているフェーヴという小さな陶製の人形を誰が当てるかというものです。当った人はその日、王冠をかぶり「王様」「女王様」になることが出来ます。トワイライトではお菓子の中に「アーモンド」を入れました。ナイフを入れたときにこの「アーモンド」が出たら、直ぐにクルーに伝えてください。他では絶対に手に入らないエンブレムの刻印が入った「木箱入りワインオープナー」をプレゼント致します。

## “モエ・エ・シャンドン ロゼアンペリアル”

誰でも一度は耳にしたことがある最高級メゾン“モエ・エ・シャンドン”。世界的に有名な“ドン・ペリニョン”を造り出すシャンパンメーカーとして知られています。今月のおすすめは、そのモエ・エ・シャンドン社の「ロゼアンペリアル」です。赤ワインをブレンドするため野いちごのような豊かな香りが特徴で、ナポレオン1世に由来する「アンペリアル（皇帝）」の名に相応しい上品な味わいです。

## 2ヶ月限定 セミファイナル特別メニュー

**フォワグラのロースト　レンズ豆と自家製ブーダンブランのサラダ仕立て ビーツのヴィネグレット**

フランスのご馳走と言えばフォワグラ。「お祝い料理」をイメージして塊のままオーブンで焼き上げました。付け合せには、自家製ブーダンブランとビーツ、レンズ豆のサラダを添えました。フォワグラをさっぱりと召し上がって頂くために卸したりんごをドレッシングに混ぜています。

**胡瓜とメロンのスープ**

メロンと胡瓜のスープは列車の中で作ります。風味を大切にする為、作り置きをせず、あえて出来立てにこだわりました。かに味噌を合わせた毛蟹の身とアボカドを浮き実にし、繊細な味わいの「食べるスープ」に仕立てています。

**南アフリカ産伊勢海老のパリ風**

「伊勢海老のパリ風」はフランス語で「ラングースト・ア・ラ・パリジェンヌ」。名前の「パリジェンヌ」から想像できるようにキャビアを飾った豪華なお祝い料理です。元々はトリュフやアーティチョークを使った伊勢海老の冷製料理ですが、今回はトワイライト風に大胆にアレンジしています。

**黒毛和牛のローストビーフと冬野菜のオーブン焼き**

お祝いメニューの代表はやはり「ローストビーフ」、豪華な食事のメインを飾るに相応しいお料理です。塊のままオーブンで焼き上げ、その後ゆっくりと余熱で火を通します。中心まで火が通っていてもきれいなロゼ色に仕上がっています。付け合せの野菜もお肉と一緒にオーブンで火を通します。

**ガレット・デ・ロワ　ブラン・マンジェとフローズン・フルーツ**

**食堂車ダイナープレヤデスからの贈り物 ～無添加のトワイライトオリジナルジャム～**

「ガレット・デ・ロワ」はパイ生地を使ったフランスの伝統菓子です。これに「ブラン・マンジェ」というアーモンド風味のムースとシャキシャキに凍らせたブルーベリーとラズベリーを添えています。「ガレット・デ・ロワ」には無添加の無花果ジャムを混ぜたクリームを添えています。お食事をお召し上がりの皆様には、このトワイライトオリジナルジャムをお土産としてご用意しております。

**コーヒー又は紅茶**

食後のコーヒーは「ケニア　マサイ」です。ケニアは東アフリカの赤道直下にあり、気温は10℃～26℃で一年に2回も雨季のある国です。麻袋には勇敢な戦士で有名なマサイ族がデザインされています。香りが強く濃厚なボディを感じるコーヒーです。

ダイナープレヤデス　　料理長　　神野　友哉



セミファイナルメニュー（12月1日～1月31日）

せっかくの機会だから、祝い事に関連づけたメニューにしたい。そこで神野は関連の文献を読み解いて、ヨーロッパではどんな食材が使用されているのかなどを調べ、まずはスープから固めていくことにした。というのも、スープと祝い事との関係がなかなか思いつかない。日本なら雑煮があるが、外国での祝い事のスープというのがなかなか見つからなかったのだ。

ようやく行き着いたのが「食べるスープ」。

これまで列車のなかでは、ポタージュなど車内持ち込みのベースに手を加えたスープを出してきたが、あえて列車の中で一から作ることを考えてみた。厨房でミキサーを回して持ち込んだ素材をベースに仕上げると、適度な水分を含んだ、食べる感触のスープができる。具材には毛ガニやアボガドなどを使い、胡瓜の青っぽさとメロンの甘みを組み合わせて、メロンと胡瓜のスープができあがった。これを常温より食器の分だけ冷たい程度の冷製スープとして提供した。

今度のメニューでは、あらかじめフォアグラと伊勢エビを使うことを決めていたから、あとはそれをどう調理するかを考え、ほかの料理を決めていけばよかった。こうしてできたのが、セミファイナルメニューだった。

メニューが決まると、そのレシピと説明文の作成に加えて、乗客向けの文章も書かなければならない。料理の特徴をわかりやすく伝えるのだが、これが書き慣れないとなかなか難しい。デスクワークが終わると、今度は社内での試食会が待っている。

社内試食会では、他の料理長に対して、メニューのコンセプトのほか、レシピの具体的内容を伝えることも大事だ。というのも、料理に各料理長の個性が出てしまっては均一なサービスを提供できなくなる。どの列車に乗っても同じ味を楽しんでもらうためには、具体的な手順を共有する必要があるのだ。

この試食会には、ホール担当も参加する。メニューについて聞かれたときに答えられるようにしておくということもあるが、ダイナープレヤデスで新メニューを提供する際、その美味しさを知ったうえでサーブすることで、美味しいという気持ちが伝わるという信念からだという。

## 毎回、ひと手間を増やしていく

神野が春メニューを担当することになったときから、伊福部総料理長からは、もうひと手間掛けたらどうかと繰り返し提案をされた。そのため、回を追うごとに工程が一つ二つと増え、秋メニューでは五工程くらい増えていたという。

ふつうに考えれば、限られたスペース、限られた時間のなかでのことだから、どこかに無理が生じそうなものだが、この頃は厨房メンバーが固定していて、誰もが新メニューをこなせるレベルに達していたため、混乱はほとんどなかった。それぞれが百戦錬磨の料理長なのだ。

それでも、新メニューの最初の列車にはまず神野料理長が乗務し、乗客に提供することになっていた。実際に列車の厨房で作るなかで、地上で作るときには気がつかなかったことが出てくるからだ。列車の揺れの具合から工程を調整したり、調味料の濃度を微調整したりして、最適化を進めるのだ。

このときも、神野は札幌に到着するや会社に連絡を入れ、次の列車のクルーたちに変更点を伝えている。さらに復路の乗務が終わると、今度は仕込みの吉本料理長のところへ行き、仕込み段階の調整も相談した。

## ファイナルメニューは辻調とのコラボ

このようにして、春からセミファイナルまでの四回にわたって、メニュー作成という経験を積んだ神野料理長だが、メニュー作成はこれが最後となった。というのも、ファイナルのディナーメニューは、総料理長の伊福部の出身校で、関西で知名度の高い辻調理師専門学校とコラボレーションをしたメニューを提供することになっていたのだ。

前述のとおり、日本に本格フレンチを広めた、その原点ともいえる著名な調理師学校で、二〇〇〇年に行われた九州・沖縄サミットの首脳晩餐会で料理長を務めた西側《にしかわ》清博《きよひろ》技術顧問と、その際に料理スタッフとして参加した中田《なかた》淑一《としかず》教授がプロデュースするメニューで、ダイナープレヤデスの最後を飾るにふさわしいコース料理となった次第だ（本章扉写真参照）。

期間は二月一日から三月一三日の一ヵ月半だが、この間、トワイライトエクスプレスは最後の走行ということで毎日運転となった。通常の週四往復が週七往復となるため、ディナー提供回数としては、それまでの二ヵ月半分以上となったのだ。

辻調理師専門学校とのコラボとなったファイナルメニューの表紙

TWILIGHT EXPRESS
SPECIAL MENU

トワイライトさよなら特別メニュー
辻調グループが提案する～ムニュ・スペシャル～

夕暮れの日本海に沈みゆく太陽
これぞトワイライトな至福の時間

トワイライト・エクスプレスが25年間走りぬけた地域は食材の宝庫
ラストランにふさわしい上質の肉、魚、野菜、果物を沿線から取り揃えます

大阪～札幌、車窓から見えるのどかな風景を眺めながら
ネオ・クラシックなフランス料理のディナーを心ゆくまでお楽しみください

Bon appétit！　ボナペティ!

辻調理師専門学校 フランス料理技術顧問 西川 清博

北海道イクラのコルネ

青森産 鴨のテリーヌ、
新潟特産「おけさ柿」のチャツネ・ソース

蟹と蛤のビスク、ようていJA産ユリ根のコンポート

日本海あんこうのサルティンボッカ、
香草入り手打ちパスタ添え

トワイライト厳選の黒毛和牛のグリエと
牛舌の煮込み、里芋のムースリーヌ

「プレヤデス」
パルフェ・グラッセ、マカロン、果実のサラダ、ハスカップのソース

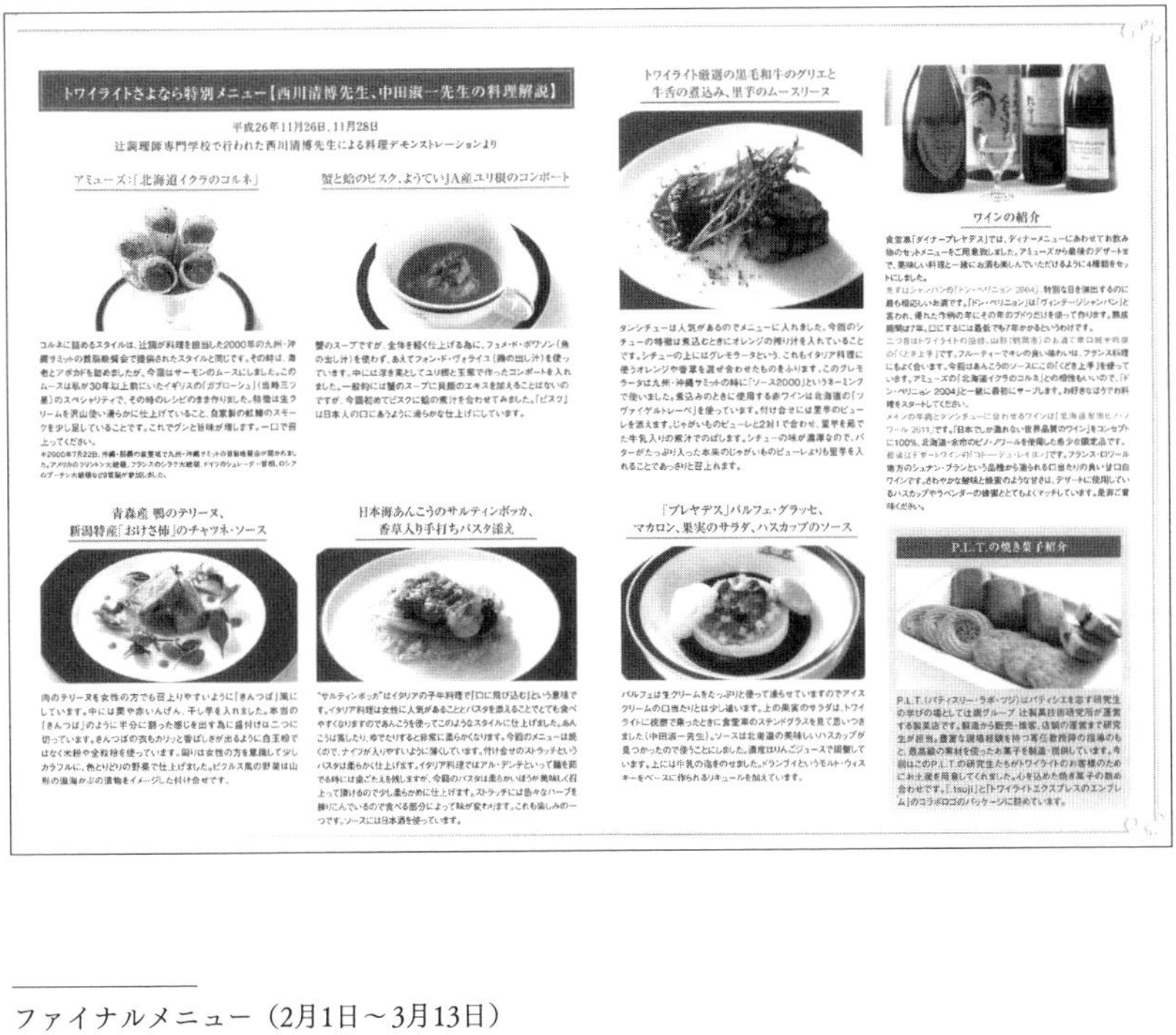

トワイライトさよなら特別メニュー【西川清博先生、中田淑一先生の料理解説】

平成26年11月26日、11月28日
辻調理師専門学校で行われた西川清博先生による料理デモンストレーションより

アミューズ：「北海道イクラのコルネ」

コルネに詰めるスタイルは、辻調が料理を担当した2000年の九州・沖縄サミットの首脳晩餐会で提供されたスタイルと同じです。その時は、海老とアボカドを詰めましたが、今回はサーモンのムースにしました。このムースは私が30年以上前にいたイギリスの「ガブローシュ」（当時三ツ星）のスペシャリテで、その時のレシピのまま作りました。特徴は生クリームを沢山使い滑らかに仕上げていること、自家製の紅鱒のスモークを少し混ぜていることです。これでグンと旨味が増します。一口で召し上ってください。

※2000年7月22日、沖縄・部瀬の萬国津梁館で九州・沖縄サミットの首脳晩餐会が開かれました。アメリカのクリントン大統領、フランスのシラク大統領、ドイツのシュレーダー首相、ロシアのプーチン大統領など8首脳が参加しました。

蟹と蛤のビスク、ようていJA産ユリ根のコンポート

蟹のスープですが、全体を軽く仕上げる為に、フュメ・ド・ポワソン（魚の出し汁）を使わず、あえてフォン・ド・ヴォライユ（鶏の出し汁）を使っています。中には浮き実としてユリ根と玉葱で作ったコンポートを入れました。一般的には蟹のスープに貝類のエキスを加えることはないのですが、今回初めてビスクに蛤の煮汁を合わせてみました。「ビスク」は日本人の口にあうように滑らかな仕上げにしています。

トワイライト厳選の黒毛和牛のグリエと
牛舌の煮込み、里芋のムースリーヌ

タンシチューは人気があるのでメニューに入れました。今回のシチューの特徴は煮込むときにオレンジの搾り汁を入れていることです。シチューの上にはグレモラータという、これもイタリア料理に使うオレンジや香草を混ぜ合わせたものをふります。このグレモラータは九州・沖縄サミットの時に「ソース2000」というネーミングで使いました。煮込みのときに使用する赤ワインは北海道の「ツヴァイゲルトレーベ」を使っています。付け合せには里芋のピューレを添えます。じゃがいものピューレと2対1で合わせ、里芋を茹でた牛乳入りの煮汁でのばします。シチューの味が濃厚なので、バターがたっぷり入った本来のじゃがいものピューレよりも里芋を入れることであっさりと召上れます。

ワインの紹介

食堂車「ダイナープレヤデス」では、ディナーメニューにあわせてお飲み物のセットメニューをご用意致しました。アミューズから最後のデザートまで、美味しい料理と一緒にお酒も楽しんでいただけるように4種類をセットにしました。
先ずはシャンパンの「ドン・ペリニョン 2004」。特別な日を演出するのに最も相応しいお酒です。「ドン・ペリニョン」は「ヴィンテージシャンパン」と言われ、優れた作柄の年にその年のブドウだけを使って作ります。熟成期間は7年。口にするには最低でも7年かかるというわけです。
二つ目はトワイライトの沿線、山形（鶴岡市）のお酒で辛口純米吟醸の「くどき上手」です。フルーティーでキレの良い味わいは、フランス料理にもよく合います。今回はあんこうのソースにこの「くどき上手」を使っています。アミューズの「北海道イクラのコルネ」との相性もいいので、「ドン・ペリニョン 2004」と一緒に最初にサーブします。お好きなほうでお料理をスタートしてください。
メインの牛肉とタンシチューに合わせるワインは「北海道余市ピノ・ノワール 2011」です。「日本でしか造れない世界品質のワイン」をコンセプトに100%、北海道・余市のピノ・ノワールを使用した希少な限定品です。
最後はデザートワインの「コトー・デュ・レイヨン」です。フランス・ロワール地方のシュナン・ブランという品種から造られる口当たりの良い甘口白ワインです。さわやかな酸味と蜂蜜のような甘さは、デザートに使用しているハスカップやラベンダーの焼菓とてもよくマッチしています。是非ご賞味ください。

青森産 鴨のテリーヌ、
新潟特産「おけさ柿」のチャツネ・ソース

肉のテリーヌを女性の方でも召上りやすいように「きんつば」風にしています。中には栗や赤いんげん、干し芋を入れました。本当の「きんつば」のように半分に割った感じを出す為に盛付けは二つに切っています。きんつばの衣もカリッと香ばしさが出るように白玉粉ではなく米粉や全粒粉を使っています。周りは女性の方を意識して少しカラフルに、色とりどりの野菜で仕上げました。ピクルス風の野菜は山形の温海かぶの漬物をイメージした付け合せです。

日本海あんこうのサルティンボッカ、
香草入り手打ちパスタ添え

"サルティンボッカ"はイタリアの子牛料理で「口に飛び込む」という意味です。イタリア料理は女性に人気があることとパスタを添えることでとても食べやすくなりますのであんこうを使ってこのようなスタイルに仕上げました。あんこうは蒸したり、ゆでたりすると非常に柔らかくなります。今回のメニューは焼くので、ナイフが入りやすいように薄くしています。付け合せのストラッチというパスタは柔らかく仕上げます。イタリア料理ではアル・デンテといって麺を茹でる時には歯ごたえを残しますが、今回のパスタは柔らかいほうが美味しく召上って頂けるので少し柔らかめに仕上げます。ストラッチには色々なハーブを練りこんでいるので食べる部分によって味が変わります。これも楽しみの一つです。ソースには日本酒を使っています。

「プレヤデス」パルフェ・グラッセ、
マカロン、果実のサラダ、ハスカップのソース

パルフェは生クリームをたっぷりと使って凍らせていますのでアイスクリームの口当たりとは少し違います。上の果実のサラダは、トワイライトに視察で乗ったときに食堂車のステンドグラスを見て思いつきました（中田淑一先生）。ソースは北海道の美味しいハスカップが見つかったので使うことにしました。濃度はりんごジュースで調整しています。上には牛乳の泡をのせました。ドランブイというモルト・ウィスキーをベースに作られるリキュールを加えています。

P.L.T.の焼き菓子紹介

P.L.T.（パティスリー・ラボ・ツジ）はパティシエを志す研究生の学びの場として辻調グループ 辻製菓技術研究所が運営する製菓店です。製造から販売・接客、店舗の運営まで研究生が担当。豊富な現場経験を持つ専任教授陣の指導のもと、最高級の素材を使ったお菓子を製造・提供しています。今回はこのP.L.T.の研究生たちがトワイライトのお客様のためにお土産を用意してくれました。心を込めた焼き菓子の詰め合わせです。「.tsuji」と「トワイライトエクスプレスのエンブレム」のコラボロゴのパッケージに詰めています。

ファイナルメニュー（2月1日～3月13日）

仕込みの吉本料理長は、辻調の大先輩からの打ち合せメールがとても紳士的だったことが印象に残ったという。権威といわれる人たちでありながら、丁寧な文面でしっかりと対応してくれるうえに、折を見て指導もしてもらえるなど、非常に貴重な体験をさせてもらったという。

神野料理長は、それまでの一年間の経験も踏まえて、辻調が提案するレシピに対して、列車内での具体的な対応を提案する立場となった。ひたすら走り続けた最後の一年間だったが、この段階にきて少しだけ歩を緩めることができた。振り返って神野は言った「あっという間の一年だった」。

# 第6章　ディナータイム

## ディナータイム開始

ディナータイムは二回あり、一回目は一七時三〇分からはじまる。この頃、トワイライトエクスプレスは日本海の見張らしを堪能できる親不知《おやしらず》付近を過ぎ、糸魚川《いといがわ》を通過して、直江津へと向かっている。乗客たちは乗車した頃の軽い興奮状態から脱して、落ち着いてくるころだ。車内放送でディナータイムの案内をすると、予約している乗客が次々とダイナープレヤデスにやってくる。

乗客が座る席は、予約内容をみてマネージャーの室巻があらかじめ決めている。その座席表に従って、ホールスタッフが滞りなく各席に案内する。今日も順調だ。まずは飲み物の注文を受けるが、やはりビールが多い。フレンチということでワインを頼む人も少なくないが、九〇分という時間の制約があるため、グラスでの注文がほとんどだ。フルボトルを注文する人は多くない。もちろん、フルボトルを注文して飲みきれなくても、持ち帰って自室やサロンカーなどで残りを飲めるのだが。

以前は相席をしていなかったが、廃止報道後は予約が多くなったので、ランチ同様に相席をお願いしている。

前菜から順調にサーブが進んでいく。いまはクルー全員が慣れたメンバーなのでどうということはないが、初めて乗ったときには、誰もが列車独特の揺れに対応するのが精一杯だった。飲み物を注ぐときに、揺れが原因であれ、こぼすことは許されず、その緊張感も並大抵ではなかった。もちろん、いまも緊張感をもって臨んでいるが、緊張の方向性が違う。

スタッフ採用の募集をすると、職種に憧れて申し込んでくる人が多いのが、ダイナープレヤデスでの仕事だ。採用後、まずは教育をと、以前は地上で三日間研修をしたうえで乗務してもらっていた。ところが、客として乗るのと、車内での作業を前提として乗務するのとでは大きく違い、乗り物酔いする人が続出した。乗務して一時間もすると、気分が悪いと言い出して、結局、往復の三日間に何もできないような人もいる。鉄道が好きで世界中乗り回っていると豪語していた人が、乗務後しばらくしたら顔が真っ青になったこともあった。

こうしたことが続いたため、採用後はまず乗務してもらうことに方針を変更した。最初の二泊三日は職場見学程度として、簡単な仕事をできる範囲でやってもらうことにしたのだ。それでも、往復しただけで三人に一人は辞めていく。そこで残った、乗務しても大丈夫な人だけに、現場でひとつひとつ仕事を覚えてもらうようにしていった。傍から見るよりもハードなうえに、体質的に合わない人も多いのがこの仕事だ。その分、やり甲斐を感じる仕事でもある。

特にディナーのサーブ時は、乗務中でも最大の山場といえる時間だ。自信を持って奨められる食事の数々を、いかに快適に楽しく味わっていただくか、常に目配りをしながら動き回る忙しい時間である。

## 予想外の緊急電話

　そんな緊張感をもって接客しているディナー時間帯に、突如、室巻宛の電話がかかってきた。こんな忙しいときにと思うものの、この時間にかかってくる電話はたいてい緊急事態なので、後まわしにするわけにはいかない。室巻は、サーブをセカンドに任せ、その場を離れてから電話に出た。

「もしもし、室巻です」

「お疲れさまです。……残念なお知らせです」

といきなり言われたのは、大阪のトワイライト営業センターからの電話であった。

「残念」ってなんだ？　と思った室巻に、思いもかけぬ言葉が続いた。

「明日のトワイライトエクスプレスは運休と決まりました。つきましては、明後日の札幌発で皆さんに帰っていただきます。つまり、最終列車には乗れなくなりました」

「えっ！　そんな！」

　絶句である。室巻の頭の中は、予想外の事態を前に混乱に陥った。天候が気になるときは、必ず乗務前に天気図を確認してきた。天気図をみれば、だいたいその行程がどうなるか予想がつくし、覚悟もできる。

　ところが、この日はあろうことか、天気予報をまったくのノーチェックで乗務したことに気づいた。

「最終札幌行に乗務して、車内でいろんなさよならイベントをと考えていたのに……」

と営業センターに聞き直すと、

「……」

と無言の返事が返ってくる。

何を言ってみても無駄なことは、室巻自身が判っていた。それでも、その場で頭に浮かぶことを、とにかく必死で口にしていた。電話の相手も、室巻の気持ちがわかっている。わかっているものの、社として個人的な都合を優先させることはできない。事務的な回答をするしかないのだ。

## 馴染みの乗客との別れ

室巻は、思わずその場でしゃがみ込んでしまった。そんな馬鹿な……。

社会人になって、まずはレストランに勤務した。その後、広告代理店の営業に転身したので、飲食業とは縁を切ったつもりであった。ところが、二〇〇六年に厨房クルーとともにホールのクルーも一新することになり、かつての知り合いの伝手《つて》でこの仕事に呼んでもらった。

以来、九年あまりの年月をこのトワイライトエクスプレスの乗務に打ち込んできた。決して楽な仕事ではないが、乗客が一生に一度と期待を込めて乗ってくる列車だ。その思い出づくりに関わることができる仕事は、やり甲斐がある。

その思いに区切りを付けるためにも、最終列車に乗務したかった。また、在籍しているマネージャーのなかで、もっとも長く在籍している自分だから、乗務できると思っていた。実際、毎月発表されるメンバー表でも、自分は最後まで乗務することになり、この一往復を終えた翌日、他のクルーは休みなのに、ひとり自分だけ最終の札幌行きに乗務することになっていた。その前提で、最終列車内での企画もあれこれと考えていた。それなのに……。

モチベーションが一気に下がった室巻は、しばらく放心状態になってしまった。ディナーの最中でクルーが忙しく立ち回っていることすら、そのときは脳裏に浮かばなかった。これまでの経験ではありえないことだ。一本の電話は、それほどのショックをやり手の室巻に与えたのだった。

ようやく頭の中が少し整理できてきたとき、まず思い浮かんだのが、一人の乗客であった。長年の乗客で、今日もランチを楽しんでいた、長岡で下車する恩人。列車は、まだ長岡に着いていない。

さっそく、列車の一番前にある9号車まで行ってくだんの常連に声をかけると、翌日のトワイライトエクスプレスが運休になったことをもう知っていた。室巻が乗務をはじめた頃……つまり、ダイナープレヤデスのクルーがそっくり入れ代わった頃に、あらゆる点で指摘を受けた。その指摘を一つずつ業務に取り入れることで、自分も成長できたし、乗客へのサービスも向上できたと思う。そんな恩人だけに、丁寧に長年のお礼を述べてから、9号車を後にした。

## ふたたびディナーへ……そして就寝

室巻がダイナープレヤデスに戻ると、ディナータイムの一回目が終わり、二回目の時刻となっていた。気持ちを切り換えて、ディナー、そしてパブタイムと本来の業務に戻った。とはいえ、最終列車に乗れないショックは大きく、最善のサービスをとの心構えはあるものの、心はどこか晴れなかった。

ディナーに続くパブタイムは、二一時からはじまり二三時までの二時間の営業となる。長い夜をゆったりと過ごすときで、軽く一杯という人と、遅い夕食をとる人が入り交じる時間だ。予約制ではないので、日によって利用者数は変わるが、いまは毎夜毎夜、多くの乗客がやってくる。

パブタイムの営業を終えると、ホール・厨房ともに後片づけをして、二三時三〇分頃からクルー全員でのまかない飯となる。この時間には車内販売等もしないので、夕方に急いで食べた食事以来、そして乗車して初めての落ち着いた食事時間となる。

まかない飯は厨房のセカンドが担当することになっていて、乗務するセカンドによって内容が変わる。セカンドは、乗務日程が決まると乗務中のまかない飯メニューを考え、そのための食材を別途手配する。パブタイムが終わる頃になると、セカンドがまかない飯の調理をはじめるので、後片づけが済む頃には食べる用意ができている。

今日の出来事を話し合いながら食べ進む頃、トワイライトエクスプレスは秋田駅に到着する。23時47分。乗客の乗降扱いはしないものの、運転士が交替するいわゆる運転停車で、停車時間は九分だ。静まりかえったホームも、見慣れた光景となっている。

食事が終わると、順番にシャワーを浴びて就寝となる。夜中にシャワー室で不意の事態があっても対応ができないため、深夜帯のシャワーカードは販売していない。その空き時間に、ダイナープレヤデスのクルーが利用しているのだ。

就寝には、9号車端にあるクルー専用の部屋を使用する。三段寝台が二組向き合った部屋だ。定員は六名で通常ならこれで足りるが、この日のようにクルーが六名を超える場合は、寝台が足りない。こういうときは、寝台券がダブルブッキングされたときなどに備えた、調整席とよばれる8号車端にある予備の二段寝台が空いていれば、車掌が手配してくれる。こちらも個室なので、一般の乗客に迷惑をかけることはない。六人部屋の使い方にはとくに決まりがあるわけではないが、下段から順番に上役から使用することになっていく。

トワイライトエクスプレスは青森駅を午前2時55分に発車して、函館駅手前の五稜郭駅には同5時05分に到着する。途中に青函トンネルがあり、トンネル内はほぼ一直線で世界一のロングレールが使われているため、単調で乗り心地がよく、もっとも熟睡しやすい区間だ。

もっとも、クルーにとっては寝るといっても仮眠で、午前五時三〇分には全員が起床して、ダイナープレヤデスに集合する。

# 第7章　モーニング

## 五稜郭駅で折り返すトワイライトエクスプレス

トワイライトエクスプレスは函館駅まで行かず、一つ手前の五稜郭駅で機関車を付け替えて、江差線から函館本線へと進む。函館の市街地は、よく知られているように、太平洋に突き出た岬の入江部分に開けている。岬の先端は函館山で、ロープウェイで昇って眺める函館の夜景が人気の場所だ。

この地形から、函館本線は函館を起点としているが、青函トンネルから続く江差線は、一つ手前の五稜郭駅で函館本線に合流する。それも、函館に向いて合流するため、五稜郭駅で進行方向が逆さになる。青森駅でも進行方向が逆になったが、どちらも青函連絡船があった当時に、最速列車が到着する先に連絡船がある配線になっていたことも影響している。青函トンネルを挟んで青森駅と五稜郭駅の二回続けて進行方向が変わるので、五稜郭駅から札幌駅に向けて発車する際は、大阪駅を発車したときと同じ進行方向になる。

ここまでは電化されているので、青函間専用のＥＤ79形交流用電気機関車が牽引してきた。一方、五稜郭駅から長万部《おしゃまんべ》駅までの函館本線と、長万部駅から分岐する室蘭本線の東室蘭駅までは電化されていないので、五稜郭駅～札幌駅間ではＤＤ51形ディーゼル機関車が重連で先頭に立つ。それも、ＪＲ北海道が所有する車体が青い寝台特急牽引用のＤＤ51形だ。それだけに、道内を走るトワイライトエクスプレス・カシオペア・北斗星という豪華寝台特急三本は、撮り鉄にも人気がある。

五稜郭駅での機関車交換風景。青いDD51が重連で先頭に立ち、
ここまで牽引してきた赤いED79の連結器が外される

さて、5時18分にトワイライトエクスプレスは再び進行方向を変えて五稜郭駅を発車した。その頃、ダイナープレヤデスのクルーはそれぞれに起き出して、身支度をしている。五時三〇分に集合なのだ。集合すると、ホールはまず床に掃除機をかける。続いて、モーニングの準備をすることになる。

## 朝食のメニューは一種類

列車食堂の朝食は、国鉄時代からどの列車も和食と洋食を選ぶことができた。トワイライトエクスプレスも、もちろん同様なメニューを提供してきた。しかし、二〇一三年四月一日から朝食メニューが一つだけとなった。その一六二〇円のメニューは左頁の通りだ。

見てのとおり、朝食としては十分なボリュームである。モーニングというより、ブレックファーストだろう。でも、純粋な洋食ではなく、和洋折衷となっている。ディナーにフレンチのフルコースを提供するこだわりをみせる一方で、朝食は和洋折衷というのは妙に思えるが、そこには乗客を思う意外な意図があった。

五稜郭駅で進行方向を変えたトワイライトエクスプレスが、札幌に向けて出発

# Diner Pleiades Breakfast

¥1,620

**Cocktail　～食前のドリンク～**
- オリジナルビネガーエード
  （スパイスウォーター・シロップ・オレンジジュース・白ワインビネガー）
  カットオレンジ、カットレモン、ミント、スライス生姜、フランボワーズ

**Starters　～先付け3種～**
- 豆のごま和えサラダ
- カポナータ（茄子・胡瓜・パプリカのマリネ イタリア風甘酢トマトソース）
- 海老とアボカドのカクテル
- フォカッチャ

**Egg with Flower salt　～『丹波のたまご』の半熟3分ボイルと花の塩～**

**Mini-bowl/rice-gruel　～生姜とタイムのミニお粥～**
- 白粥（シンプルな中華にタイム、ローリエ、丁字、生姜）
- 薬味として（卸し生姜、タイム、クリスピーベーコン）

**Main course　～ミート&サラダ&ホットベジタブル～**
- 白いんげんとベーコンのトマト煮
- ミニ椎茸とマッシュルームローズマリーのオーブン焼き
- 自家製チキンナゲットとフレンチマスタード&ケチャップ
- ハートロメインとバルサミコのドレッシング&グラナパルメザンパウダー
- アンディーブと角切りポテトサラダ
- 茹でたて緑黄色（青梗菜、カボチャ、有機人参）
- 薄切りハムと種入りマスタードとパン・ド・カンパーニュ

**Fruits in coup grass　～フルーツ&フロマージュブラン～**
- ハネジューメロンとパイナップル
- フランス ノルマンディー産フロマージュブランのスープを少し

**Coffee　～オリジナルモーニングブレンド～**
サントス40%（フルシティ）、モカ30%（シティ）、
グァマテラ30%（シティ）の配合でブレンドしたモーニングコーヒーです。
また紅茶のご用意もございます。

## 和洋折衷の朝食

札幌行の場合、朝食は午前六時から四五分刻みで四回提供し、最終回の終了は九時〇〇分となる。大阪行の場合は、最初が午前六時四五分のため三回の提供となり、終了時刻は同じだ。いずれも、前日に時間帯ごとに予約をとっているので、乗客は事前に並ぶことなく予約した時間にダイナープレヤデスに行けば良い。これは、他の列車食堂にはない嬉しいサービスだ。

とはいえ、前の乗客と次の乗客の入れ替わり時間を考えると、実質的には三〇分しか食事時間がない。その三〇分のあいだに注文をとって、調理をして、食後にコーヒーもしくは紅茶……となると、どうしても慌ただしくなる。かつて和食と洋食の二種類があったときは、厨房もホールも余裕のない状態となることが常だったのだ。乗客からも、急かされているようだとの声があった。

この状況を憂慮した総料理長の伊福部は、原因が二種類のメニューにあることを分析し、あえてメニューを一種類に絞ることにした。これで、乗客は三〇分間を有意義に使い、車窓を眺めながらゆっくりと朝食を楽しめるようになると目論んだのだ。

また、乗客にとってはトワイライトエクスプレスでの最後の食事となるため、伝統的な朝食ではなく、近年はやりのブランチのイメージでメニューを考えた。ブランチとは、ブレックファーストとランチの合成語で、少し遅い時間に朝食と昼食を兼ねて食べる、朝食にしては少し多めの食事をいう。

しかし、朝食を和洋折衷にするという伊福部の選択は、トワイライトエクスプレスを運行するJR西日本に歓迎されず、当初、強い抵抗に遭った。和洋の選択ができないことはサービスレベルの低下につながるというのがその理由だ。食堂車クルーの属するジェイアール西日本フードサービスネットは、社名からもわかるとおりJR西日本のグループ会社だけに、親会社への一方的かつ強引な交渉は難しい。伊福部は一年も掛けて粘り強く交渉し、「最後はなかば強引」に押し通すことで和洋折衷化、すなわち単一メニュー化を実現した。

新朝食の提供をはじめるにあたり、ディナーとはイメージを一新するために、テーブルクロスと皿をすべて、朝食用に交換することも決めた。そのうえで、二〇一三年四月から新メニューを開始した。すると、当初こそ和食が欲しいとの意見が出たが、次第にそのような声はなくなり、ゆったりと食べられるうえオリジナリティがあってよいという声が増えていったという。



和洋折衷のモーニング・メニュー

## 札幌駅到着

朝食をはじめる時間には、道南の名所として知られる北海道駒ヶ岳を右に左にと見て走っていたトワイライトエクスプレスだが、その後、右手に噴火湾を見て走り続けることになる。途中、左手には有珠山《うすざん》や昭和新山がみえ、東室蘭駅を過ぎるとサラブレッドのいる牧場の後方に樽前山が見られるようになる。白老駅《しらおい》〜社台駅間の緩いカーブをあとにすると、苫小牧駅《とまこまい》の先にある沼ノ端駅を過ぎるまでの二八・七三六キロは一直線。日本一長い直線区間となる。

その途上、ホール担当は昨日A寝台の乗客から聞いた指定時間に合わせて、個々の部屋にモーニングコーヒーを届ける。その際、7時18分停車の洞爺駅で受け取った朝刊も一緒に届ける。ちなみに、大阪行だと、8時1分着の富山駅で朝刊を受け取ることになっている。もちろん、モーニングコーヒーも朝刊も、A寝台料金に含まれている。道南の景色を眺めながらのモーニングコーヒーは、いよいよ北海道にやってきたという満足した気持ちを高めてくれる。

この一連の景色を締めくくるのが、北海道に残る三大原野のひとつといわれる勇払原野《ゆうふつげんや》だ。大規模な苫小牧東部開発は失敗したうえ、開発の影響で湿原地帯は狭まり、変わってしまった様子も見られる。しかし、ウトナイ湖に飛来するオオハクチョウなど、まだまだ道南でも貴重な自然を満喫できるところだ。

その勇払原野を横切ったころに、朝食時間は終了となる。すでに南千歳駅近くに達していて、乗客たちは下車の準備にかかるころだ。ダイナープレヤデスのク

ルーも、ここであと片づけをはじめる。

　午前9時52分、トワイライトエクスプレスは札幌駅に到着する。乗客は満足した表情で下車して、思い思いに最後の記念写真を撮っては散っていく。

「名残惜しい」

「もっと乗っていたかった」

「意外に早く着いた」

といった声も聞こえてくる。その下車した乗客たちに人気があるのは、やはり機関車の前での記念写真だが、ダイナープレヤデスのクルーたちにわざわざ挨拶をしにきては去って行く乗客も少なくない。

　厳しい労働が報われ、満足感に浸れる時間であるはずだが、室巻マネージャーの表情は冴えない。最終トワイライトエクスプレスに乗務ができなくなったことについて、どう考えても気持ちを整理できないでいるのだ。それでも、そこはプロである。乗客にはおくびにも出さず、笑顔で最後の言葉を交わした。

　札幌駅停車時間のあいだに、サッポロクラシックのビールサーバを下ろし、新たなビールサーバを積み込むのだが、これも滞りなく行った。帰路は明日となったが、最終列車の前日とはいえレストラン間近の列車だけに、いつもより多くのビールを積んでおく。


朝日を浴びて札幌駅に向かうトワイライトエクスプレス

# 第8章　復路は最終列車

## 札幌運転所にて

ホールクルーが再びダイナープレヤデスに乗り込むと、トワイライトエクスプレスは回送列車として札幌運転所に向かう。札幌駅から七駅目、一二・六キロ小樽側に稲穂駅があるが、同駅に隣接する場所にJR北海道の車両基地である札幌運転所がある。回送列車は、一つ手前の手稲《ていね》駅を過ぎたところで函館本線から分岐して、札幌運転所へと入っていく。この回送中も、クルーはあと片づけに余念がない。到着する頃になって、ようやく全員が落ち着いてくる。

札幌運転所につくと、まかない飯を食べる。その後は仮眠タイムだ。折り返し、当日の14時05分に札幌駅を発車する上りトワイライトエクスプレスに乗務するため、札幌駅までの回送列車出発まではわずか数時間。これでは、列車から降りることもできず、車内で睡眠をとるのだ。

札幌運転所ではトワイライトエクスプレスの列車編成全体に作業員が入り、清掃・寝具の取替、車両の点検整備・水の補給などを行うが、ダイナープレヤデスについては電源まわりの確認だけで、あとは手を出さないことになっている。だから、安心してゆっくりと寝られる。もっとも、車庫内で点検するためにいろいろな音が庫に反射して飛び交うので、慣れないうちは誰もが眠りが浅くなる。

この日も、全員まずはいつも通りまかない飯をとり、仮眠に就く。しかし、午

出庫前には、入念な車体清掃も行われる（宮原支所にて）

後は運休で走らないと決まっているため、いつもより遅めに起き出してくる。その間に点検を終えた編成は、車庫から出て屋外留置となっている。このため、庫内では禁止されている水回りの利用ができるようになる。

　そこで、いつもより丁寧に清掃をしたり、時間になると車内でまかない料理を作って食べるなどして過ごすことになる。運休となった場合でも、列車から出ることは認められておらず、車内で一泊することになるのだ。そのためにも、電源車のエンジンは止めないことになっている。この日は全員が最終乗務ということで、クルー皆が集まって思い出話に花を咲かせたり、ふだんは撮れない車内での写真を撮りあったりして、突如できた時間を思い思いに過ごすことになった。

　しかし、思いがけず訪れた休息のあいだも、マネージャーと料理長には、営業センターから翌日の乗務に関する連絡が次々と入ってくる。ディナー予約人数と乗車予約人数をはじめとした、乗務に必要な情報だ。車内にいる分には安全で快適だが、車外は荒れ模様で、なるほどこれでは運転できないのも無理はないと納得できる。

　室巻マネージャーは、ここにいたってようやく天気図を調べた。発達した低気圧が北日本を覆っている。これほどの低気圧が接近しているのに、どうして今回に限って、前もって天気図を見てこなかったのかが不思議だ。この気圧配置を見ていれば、乗務前に復路が運休になるかもしれないと予想しただろう。もう三月だから、という気の緩みがあったの

ダイナープレヤデスで撮った、ホールクルーたちの記念写真

かもしれない。

例年、二月は北風で荒れ気味だが、三月になるとそれもなくなる。今年は雪で立ち往生した上りトワイライトエクスプレスが二四時間遅れで大阪駅に着いたことが、マスコミに大きく取り上げられた。その雪の心配がほぼなくなった三月中旬だけに、油断をしていたとしか思えない。

さらに、九年間の乗務経験から、以前は冬場の運休が多かったが、近年は夏場の豪雨による運休のほうが多くなっていることを実感している。現に、二〇一四年は例年に比べて冬場の運休が格段に少なく、一二月一、二日発の二往復、一六日発の一往復、二月一五日の一往復が運休しただけで、一月の運休はなかった。もっとも、天気図を見て運休を覚悟していたとしても、それでどうなるわけでもないのだが……。

## 一発逆転、最終列車に！

前日の夜、ディナーの忙しい最中に今日の運休を連絡してきたが、この日もその時間になると、営業センターから電話があった。

「はい、室巻です。」

「明日のトワイライトエクスプレスも運休と決まりました。」

「えっ……ということは……」

「明後日、最終の上りトワイライトエクスプレスが動けば、それで帰ってきて下さい。」

室巻は、思わずガッツポーズをとった。

今日・明日に乗務の予定だったクルーたちは、最終乗務の機会がなくなったことでガッカリしていることだろう。プラチナチケットとなっている寝台券をとっていた乗客たちも、運休ということでさぞ落胆していることと思う。それを思うと申し訳ない気持ちになるが、でも……でも、である。一度は諦めた最終列車に乗務できることになったのだ。野球でいえば、九回裏三点差、二死の状態からの逆転満塁ホームランといったところか。思わず頬が緩んでしまう。

外を見ると運転ができそうに思える天気になってきたが、天気図を見ると、東北がまだ荒れ模様のようだ。このために運転を取りやめたことは、容易に想像ができた。同乗しているクルーたちに伝えると、みな最終列車だということで大盛り上がりとなった。なんとしてでも、明日は天気が回復して欲しい……と、誰がはじめたか、みんながてるてる坊主を作ってダイナープレヤデス内に吊るしはじめた。

## 最終列車の食材が足りない！

明けて三月十一日(水)は、雨が残ってはいるものの穏やかな日だった。

昼近い時間となり、JR北海道の社員の誘導で列車から降りた。札幌運転所から出ると、タクシーに分乗してクルー全員が移動をはじめた。トワイライトエクスプレスが一日運休になることは珍しくないが、二日以上運休が続くことはさほ

ど多くない。一日の運休の場合は車内にとどまって、一日遅れの乗務をこなすのだが、二日続けての運休となった場合は、二泊目を札幌市内のホテルで宿泊することになっている。そのため、大阪のトワイライト営業センターが予約してくれたホテルへと向かっているのだった。

そこに一本の電話が入り、緊張した面持ちで応対している者がいた。料理長の三浦伸敏《みうらのぶとし》だ。室巻と同じく、平成一八年から九年間にわたってダイナープレヤデスに乗務し続けてきた、現役最古参の料理長だ。電話の相手は、伊福部総料理長だった。

話は明日の食材に関するものだった。それというのも、三月一〇日札幌発のトワイライトエクスプレスはディナーの予約が少なかったので、その人数分の食材だけを積んできている。ところが、最終大阪行はその倍ほどのほぼ満席となる予約が入っているので、このままでは食材が足りない。

また、日持ちのしない食材については、万一のことを考えて使用を控えたい。特に、予約者のもとに配達する日本海会席御膳は、その名のとおり海産物が中心である。乗客に配達して、その場ですぐに食べてもらえるなら問題ないが、そうとは限らないことから、使用を控えることにした。夜半まで放置され、その後に食べたときに、鮮度が落ちていてはいけない。

落ち着いたイメージの、ダイナープレヤデス妻面付近

こういう場合、いつもなら空輸で対応食材が送られてくる。ところが、天候が悪くて飛行機が飛ばないという。この差し迫った状況で、伊福部総料理長の指示は思い切ったものだった。

・お約束した食事を出せないので、ディナーの代金はすべてお返しすることとする。
・しかし、ダイナープレヤデスとしては、できるだけの料理を提供する。ついては、現地で調達できる〝最高の食材〟を調達すること。原価は考えなくて良い。
・食事の内容は、三浦料理長に任せる。

三浦はこれまで、いつ乗った乗客にも、レシピ考案者の味をそのまま伝えることに腐心してきた。これは他の料理長も同じだが、料理人によって味のバラツキが出ることは乗客に対して失礼だとして、個性を発揮するのではなく、同じ味を提供するようにとたたき込まれているのだ。

それだけに、いきなり食材調達から料理方法まで任せるといわれても、「はい、わかりました」と気軽に答えられるものではない。

まして、今回提供するディナーは、二六年にもわたって走ってきたトワイライトエクスプレスの最終列車だ。ディナーを予約してきた乗客は、最終列車ということと同時に、最後となるディナーを特に楽しみにしているはずだ。いくら本来とは違うメニューとなり、お代もいただかないとはいえ、感動してもらえる料理としなければならないだろう。そうしなければ、食べてくれる乗客に申し訳ないし、自分を信頼して「任せる」といってくれた伊福部総料理長に合わせる顔がない。

三浦は自分の置かれた立場を認識して、大いに誇りに思うとともに、大きなプレッシャーを感じた。

## 札幌での食材調達の経験

三浦料理長はホテルにチェックインすると、まずは室巻マネージャーと打ち合せをし、足りない食材を書きだした。三浦にとっては三度目の札幌泊だが、食材調達は初めてだ。最後の最後で、スペシャルな体験をすることになった。一方、室巻は札幌泊を何度となく経験している。さらに、過去に食材調達で走り回った経験もあった。

クルーのあいだでは、室巻が乗ると列車が遅れると語りぐさになっていた。今回も、同乗したクルーたちは、

「室巻さんが乗車されているからでしょう」

と、落ち込んでいる本人を目の前にして、公言して憚らなかった。遅れるのはほとんどの場合、天候のせいであり、室巻にしてみれば濡れ衣もいいところだが、それだけ多くのトラブルを乗り越えてきたということだ。

ところで、クルーの中で、唯一お金をもっているのはマネージャーだ。そのお金は、車内で販売したグッズや飲み物の代金……つまり売上だが、この時期なの

でそこその金額となっている。だから、持ち金の心配をする必要はないが、ホテルも食材も支払はマネージャーが行うことになる。

室巻は以前、札幌で食材の買い出しに走ったことがある。やはり二日続けて運休になった時だった。その時も含めて、室巻は札幌で何度もホテル泊を経験してきた。

なかでも思い出に残るのは、ホテル泊が一泊で終わらなかったときだ。車中泊に続いての二泊目のホテルをトワイライト営業センターのほうで探したが、たまたまジャニーズの嵐のコンサートがある日で、ホテルの空きがなかなか見つからなかった。結果、こちらのホテルにツイン、あちらのホテルでトリプルといったように、クルーたちはいくつかのホテルに相部屋で分宿することになった。この時、会計担当の室巻は、それらのホテルを回って代金を支払うことになった。

翌朝一〇時に札幌駅に集合し、近くにある契約先を訪れた。ここには業務用冷蔵庫があり、空輸されてきた食材が収められている。必要な食材を検品してから札幌運転所まで運ぶのだが、その検品の最中に、この日も運休が決まったとの連絡が入った。三日続けての運休だ。やむなく検品を中止して食材を冷蔵庫へ戻し、クルーたちは再びホテルへ戻るはめになった。

ところが、ホテルはすでにチェックアウトした後なので、また予約をとらねばならない。チェックインにいたっては、午後にならないとできない。この時は、列車内での乗客への案内で活きるよう、知られた観光地などを見て回るようにとの指示が出た。そうは言われても、いきなりのことでどこへ行けば良いのか咄嗟に思い浮かばない。さらに、業務時間中なので団体行動するようにとの指示も出ていた。

さて、困った。

「どこに行く?」

と聞いても、みんな思案顔でしかない。それもそのはず、みな札幌へは何度となく来ているが、ほとんど列車内にいるばかりで、札幌の町を知っている者はいないのだった。結局、すすきのなどを回ることになった。

不運は続き、その翌日も、検品中に当日の運休が決まったとの連絡があり、一行は再びホテルで待機することになった。

結局この時は、札幌運転所の動かない車中で一泊、札幌のホテルで三泊し、五日目にようやく動くことになったトワイライトエクスプレスで復路の業務をすることになった。大阪駅を出発した日から帰着した日まで、計六泊七日という最長記録である。

今回と違って空輸ができた点は恵まれていたが、思いがけず運休が続いたため、空輸された食材が毎日溜まっていった。ようやく動くという日に、全員で手分けをしてそれらをタクシーに積み込み、札幌運転所で待つトワイライトエクスプレスに運び込んだ。

とはいえ、食堂車にそれらを積んでおくほどの余裕があるはずもない。致し方なく車掌に頼んで、8号車にある調整室(前章参照)に入れさせてもらって急場を凌いだ。

北海道を代表する札幌駅

## 代替食材の確保に走る

こうした経験を積んでいた室巻だけに、札幌の食品売場についてもおおよそ勘所を摑んでいた。

三浦は必要な食材を書き出すと、厨房のセカンド二名を呼んで、室巻を合わせた四人で食材の買い出しに出た。まずは札幌駅まで行き、近くの食品売場をハシゴする。購入する食材を決めるのは厨房の三浦以下三名だから、室巻は代金の支払役としてついていくだけで、その点では気軽な立場ではある。ただ、手持ちのお金は釣り銭が多いため、金額の割に硬貨が多く、持ち歩きづらくかつ重いことには閉口させられる。

買う食材を決める三浦は真剣そのもので、目の色が変わっている。食品売場を見て回りながら、必要量が揃う食材を店員に確認する。本来提供する予定だった料理の内容に近づけようと、いろいろと思案しながら、何度か店を往復することになった。店の人からしてみれば、男ばかり四人がやってきたと思ったら、いきなり高級食材を大量に欲しいというので、何事かと思ったことであろう。

コースのメインは、いろいろ考えた末、鹿児島産の牛肉となった。できるだけトワイライトエクスプレスが走る沿線の肉にしたかったが、等級の高さと必要量を確保できる肉がほかになかったのだ。タンシチューについては、もも肉を探してタンと合わせた。

蟹の出汁《だし》で作るスープは、用意してきた量が必要数の約半分となってしまうため、一人当たりの量を増やすために、北海道産の蟹の身を買ってスープに入れることにした。あんこうのメニューは、たまたま鍋用のあんこうを売っていたので、それを買い占めて対応した。フルーツはイチゴを調達することにした。

これで、なんとか食材は揃った。すぐに契約先の冷蔵庫に持ち込んで保存してもらった。

当日の夜は、会社側からいいものを食べろといってくれた。そこで、夕方にクルー全員が集まった場で相談し、ジンギスカンを食べに行った。おかげで、最後の札幌の夜を楽しむことができたのだが、その合間を縫って、室巻は最終乗務となる予定だった翌日の大阪発札幌行で考えていた車内イベントを書きだし、乗務するマネージャーにFAXで連絡した。

一方、三浦は、ホテルで翌日の仕込み作業手順を考えて書きだしていた。深夜に書き上げたものの、本当にこれで大丈夫か、あれこれと考えてしまい、この日はなかなか寝つけなかった。

# 第9章 最終列車の様子は上下で対照的

## 最終列車、札幌運転所を発車

三月一二日（木）、ついにトワイライトエクスプレスの最終列車が発車する日となった。札幌のホテルに泊まったクルーは、冷蔵庫に預けていた食材を回収し、タクシーで札幌運転所に留置されているダイナープレヤデスまで運び込んだ。

三浦料理長は、すぐにホテルで手書きした作業手順書を厨房に張り出した。厨房のクルー全員を集めると、その手順書を指差しながら当日の対応について説明していく。なにせ、いつもとは違う手順が少なくないだけに、口頭だけでは何かと漏れがあったり、あと先を逆にしてしまったりといった間違いが起きかねない。自分自身の行動について確認する意味でも、考えられる限りすべての手順を書きだしておいたのだ。手順書を張り出すことで、全員に周知徹底ができた。その後、事あるごとに各自がこの手順書をみては、次々と業務をこなしていくことになる。

ひととおりの説明が終わると、すぐに仕込みをはじめた。札幌運転所に停まっている午前中からこれらの準備を進めたわけだが、それでもかなりの無理をしている。「最後だから」を合い言葉に、厨房全員が一体となって取り組んだものの、どうしても準備が間に合わず、のちほどディナーの開始を三〇分遅らせてもらうことになる。

午前中から滞りなく準備を進めても、一七時三〇分からはじまるディナーの時刻を遅らせることになったことからも、いかに手間のかかる本格的な仕込みをし

ているかが想像できよう。そんな重労働ではあるが、当日の厨房スタッフはみな、最終乗務に携われることになった栄光に、士気が高まっていた。

やがて、トワイライトエクスプレスが回送列車として、札幌駅に向けて発車する時刻となった。札幌運転所としては、車両の点検整備をはじめ、リネン整備や水の補給などを長年担当してきたトワイライトエクスプレスの最後の出場となる。室巻マネージャーがふと窓外を見ると、札幌運転所の面々が全員並んで見送ってくれている。これまで見たことがない光景だ。名残惜しそうに振られる手をみて、思わず熱いものが胸にこみ上げてきた。

回送列車が札幌駅に着くと、そこは人、人、人……ホーム上の人の多さは半端でなかった。室巻は、発車までの時間を利用してホームに降りてみた。すると、そこに馴染みの乗客が来ていた。再会を喜んでいると、まわりを人垣で囲まれてしまった。誰もが上気立っている。

## 最終の札幌行は急遽の編成替え

ところで、当日の朝になって、大阪からホールスタッフ二名が急遽飛行機で駆けつけてきた。応援の二名は、当日朝に電話を受けて、大阪のトワイライト営業センターに出社するや、すぐに身支度をととのえて

札幌駅出発進行

会社を飛び出してきたという。結果、最終のトワイライトエクスプレスは、ホール七名に厨房五名という、過去最多のクルーが乗務することとなった。大阪発の最終トワイライトエクスプレスでも、同様な人員配置がとられた。

駆けつけた二名のうち一名はマネージャーだ。つまり、全部で六名在籍するマネージャーのうち、四名が上下の最終列車に乗務していたことになる。その大阪発には、最後の一年間、メニュー作成に尽力した神野料理長が乗務していた。最終乗務ということで、当日のクルーは出発前からハイテンションになっていた。しかし、乗客のほうは意外なほど冷静で、神野は出発時からそのギャップを感じていた。

大阪駅11時50分発の最終トワイライトエクスプレスは、予定していた第一編成に一部機器の不具合が見つかったため、急遽第二編成での運転となった。第一編成に積んである食材を前提に出発準備を済ませて大阪駅に着いた頃になっての編成変更で、神野料理長は食材がどうなるのか一気に不安になった。トワイライト営業センターも慌てたが、幸い第二編成で戻ったクルーが出勤しており、さらに食材の残りを把握していることもわかったため、すぐに不足分をかき集めてもってきてくれた。

そうはいっても、編成の変更により回送列車の入線は遅れる

食材とともに大阪駅10番のりばの中ほどに向かう神野料理長

大阪駅を出発する最終列車

し、食材の追加分はさらに遅れて到着したのだから、ふつうなら出発時刻への影響は必至だ。にもかかわらず、最終列車はいつもどおり、大阪駅を定時に発車する。その発車時刻に合わせなければならず、最後の最後で波乱のスタートとなった。

## 最終の大阪行も発車

同じ日の午後、札幌駅14時05分発の最終大阪行トワイライトエクスプレスも定時に発車した。

こちらも波乱含みのスタートだった。発車早々にシャワーカードを求める列ができて、順番をめぐって乗客同士のいざこざがはじまったのだ。この先の行程が心配になった室巻マネージャーだったが、すぐに間に入り、最後の列車なのでお互い譲り合いでとお願いしたところ、幸いにもすんなりと受け入れてもらえた。

その後は目立ったトラブルがなかったものの、このあたりから、すでに札幌発は乗客もハイテンションになっていたようだ。前日まで二日間続けて運休となったトワイライトエクスプレスだけに、最終列車が走るのか気が気でなかった乗客たちだ。定刻に入線してきた列車に乗り込んだ段階で、一気に気持ちが弾

けても無理はなかろう。
札幌駅の次の停車駅である南千歳駅を発車してすぐ、一四時四〇分からティータイムとなるが、厨房でのディナーの準備が遅れていることから、四〇名ほどで終了し、二〇名ほどは断らざるをえなかった。室巻はこの日、このようなイレギュラーな対応が多くなることを見越していたから、乗客への対応に専念した。幸い、もう一人マネージャーがいるので、ダイナープレヤデスは任せておくことができたのだ。
いよいよ、三浦料理長が腕をふるった大阪行最後のディナーがはじまったのは、前述の通り定刻より三〇分遅れた一八時からだった。あらかじめメニューの変更を説明し、払い戻しについても案内していたこともあり、さしたる混乱もなく、前菜から順調に進んでいく。乗客からのクレームは特にないようだ。
室巻は、食後にディナーと日本海会席御膳を予約した乗客のところへいって、一人一人に改めて事情を説明し、予約券のすべてに払い戻しの証明を記していった。その際、乗客からは、すごく美味しかったとの言葉に加えて、

ティータイムは、最終大阪行で、通常より短い営業時間となった

「どこが違ったんですか?」

と聞かれるケースが多々あった。特に日本海会席御膳については、

「変更した内容が分からない。」

との意見が多く、安堵した。それどころか、内容は期待したものと遜色がなかったとして
「ぜひお代を払わせて欲しい」

と申し出る人も多数いた。


会社として決めたことなので、室巻の一存で方針変更するわけにはいかないものの、ここに料理長の三浦をはじめとした厨房メンバーの力量が評価されたことは明らかだった。室巻が各部屋に説明にまわっている間も、厨房では全員が懸命に料理の腕をふるっていた。「最後だから」を合い言葉に。

## 上下列車で対照的なパブタイム

いつもであれば、ディナーは二一時に終了し、そこからパブタイムがはじまる。しかし、この日は三〇分遅れでディナーをはじめたので、車内放送では二一時三〇分からの開始と案内した。ところが、二回目のディナーが終わったときには、すでに二二時近くになっていた。パブタイムの定時終了時刻まで三〇分しかない。だからといって、最後の列車でパブタイムを三〇分だけというわけにはいかないだろう。

もともと最終便のパブタイムの利用は多いことを見越して、定時までに並んだ人の全員が利用できるよう、事前に会社側から許可を得ていた。その旨を並んでいる乗客に伝えたうえで、順番にダイナープレヤデスに案内したが、このときの行列は、4号車のサロン・デュ・ノールを越えて、5号車にまで達していたようだ。二回目のディナーを終えた人たちも、多くがその最後尾に並んでいる。

着席した乗客は、長蛇の列ができていることを知っているから、追加注文は遠慮願いたい旨を伝えると、すぐに意図を理解してくれた。このあたりは、トワイライトエクス

㊤ ステーキ・ピラフ
㊦ ワタリガニのスパゲッティ

プレスという決して安くはない列車の乗客ならではといえよう。

　その一方で、注文はなかなかに豪快だ。メニューを見るなり、一番上と一番下を指差して「ここからここまで」と注文する人が珍しくない。いつもはほとんどオーダーのかからない、四〇〇〇円もするドン・ペリニヨンなど四種のワイン飲み比べセットもこの日はどんどんオーダーが入る。生ビールのサッポロクラシック（列車内での表示は、北海道クラシック）の売れ行きも過去に経験がないほどだ。

　一方、札幌行は定刻どおり一七時三〇分からディナータイムがはじまり、二回目との入れ替えを経て、定刻の二一時に終了した。一回目、二回目ともに、最後に神野料理長が挨拶をしたが、二回目のときには、乗客からの反応も特になく淡々としていた。

　その後のパブタイムは、最終便だけに深夜までと覚悟していた。ところが、意外にも酒田発車後となる定時のラストオーダー時刻二二時三〇分過ぎにオーダーが終わってしまった。

　まかない飯を食べ、あと片づけの最中となる午前0時17分、秋田から四つ

㊤　スペアリブ
㊦　ソーセージ

目の大久保駅でトワイライトエクスプレスは停車した。いつもは大阪行だけが四分間停車し、札幌行は通過する駅なのだが、この日は最終日とあって札幌行の運転士が気を利かせて停めてくれたのだろうか。ダイナープレヤデスから大阪行の様子を見ると、サロン・デュ・ノールにはパブタイムを待つ長蛇の列ができている。同じ最終列車でありながら、上下列車の車内の雰囲気は大きく違っているようだ。

あと片づけが終わると、あとはシャワーを浴びて就寝だが、この日は、クルーが十二名もいるので、寝台が足りない。もっともクルーたちは、パブタイムが深夜までずれ込むのを覚悟していたので、営業終了後、クルー全員で思い出を語り合おうと話していた。ところが、車掌が全員分の寝台を用意してくれていた。心遣いに感謝しつつ、寝られるなら寝ようか……と弘前を発車した午前二時過ぎには就寝した。結果、札幌行は、いつもの乗務とさほど変わらないタイムスケジュールとなった。

㊤ スモークサーモン
㊦ ポテトフライ

長蛇の列が見えた大阪行のほうは、パブタイム利用の列に並ぶのを定時の二二時三〇分で締め切ったと先に記したが、いくら追加注文をご遠慮いただき、皆さんが協力をしてくださるとはいえ、その全員が着席できるまでには時間がかかった。そのうちに食材が次々になくなってきた。そこで、厨房に残りの食材で何ができるかと聞いたところ、卵は一杯買っておいたのでオムライスならできるとの回答があった。どうやら、このことを予想して、卵を多めに仕入れてあったようだ。三浦料理長の的確な判断が光る。

室巻がオムライスの注文を受け付けると案内したところ、その場にいたほとんどの客からオーダーが入った。ランチでしか味わえないはずのオムライスを、最後のパブで食べられる。それも、深夜時間帯となって最後のシメが欲しい頃合いだけに、注文殺到も当然であろう。かくして、厨房は揃ってフライパンを振り、卵を巻き続けることになった。早朝から働き続け、肉体はすでに悲鳴を上げているのだが、「最後だから……」の合い言葉でお互いを

㊤ カマンベール
㊦ プレヤデスサラダ

励ましながら。

この日の大阪行列車の乗客は約一三〇名だったが、そのうちパブ利用者は九〇名にもなった。なんと、乗客の三分の二以上が利用した計算で、もちろん、過去最高の利用人数だ。最後の乗客を送り出して、まかない飯を済ませたときには、酒田到着間近となる午前二時に近い時間だった。

朝の仕込みから働き続けた厨房クルーはすぐに仮眠をとったが、ホール担当には売上確認などの業務が残っている。在庫をみると、余裕をもって積んだはずのサッポロクラシックは一樽を残すのみで、その最後の一樽もあと少ししか残っていなかった。缶ビールも、サッポロは完売した。最終列車なのでよく出るだろうと思ってはいたが、これほど売れるとは予想外だった。

ところで、大阪行のクルーに与えられている寝台は9号車に六名分と8号車に二名分しかなく、四名分足りない。椅子で眠るか、徹夜で語り合うしかなかったが、室巻は最初から徹夜の覚悟で乗務していたので、一通りの業務が終わると、大盛り上がりしている4号車のサロン・デュ・ノールへと向かい、乗客たちと最後の夜を語らう時間とした。

## トワイライトエクスプレス最後の日

三月十三日（金）午前4時33分、大阪行トワイライトエクスプレスは新津駅に着いた。この時期、まだ外は真っ暗だが、ホーム上には大勢の人がいる。みんな、最後のトワイライトエクスプレスの見送りに来ているのだ。七分間の停車時間に合わせて、これほど多くの人たちが夜道を駅まできてくれたのかと驚く。その後の停車駅では、さらにホームの人が増えていく。

前夜、札幌行に乗っていた神野も、17時56分から一〇分停車の直江津駅、19時02分から二分停車の長岡駅、それに19時43分から二分停車の新津駅でも、大勢の人たちが手を振って見送ってくれるのに気づき、そのたびに料理の手を休めては厨房から手を振り返していた。それほど沿線各駅では、最後の走りを見納めに来る人が大勢いたのだ。三浦は、これら見送る人の多さが目に焼き付き、各駅や沿線の人を見るたびに、

「ありがたいなぁ、いい列車に乗らせてもらえたな」

と感慨にふけっていた。

札幌行は定刻から三分遅れの9時55分、札幌駅に無事到着した。前日の出発直前、突然の使用編成替えとなったため水を入れる時間がなかったらしく、札幌到着前に水が尽きてしまい、厨房が対応に走り回っているうちの到着だった。札幌駅もホームは人で溢れていて、報道によると千人以上が出迎えたようだ。読売新聞は号外も出した。

しかし、神野たちクルーには余韻に浸っている余裕などなかった。この列車は、いつもと違い、回送で札幌運転所に着くとすぐに折り返し、再び回送列車として大阪に向かうと聞かされている。つまり、札幌運転所までに下車準備を終えなけ

11
Twilight Express

最終大阪行トワイライトエクスプレスの最後の機関車交換が見られる敦賀駅には、
大勢の人が詰めかけた

ればならないのだ。感慨にふける間もなく片付けを済ませ、札幌運転所ではすぐに下車することができた。

一方、大阪行では、朝食を終えたところで、クルーが挨拶をした。前夜のディナーを終えたところで、室巻を代表としたクルーによる挨拶をしたものの、突然のディナーのレシピ作成で大活躍した三浦は手を休めることができず、挨拶ができなかったのだ。ダイナープレヤデスでの本当に最後の営業となる朝食が終わったとき、挨拶に立った三浦に対して、乗客たちは一斉に割れんばかりの温かい拍手を送った。この日の朝食利用者数は約一二〇名だった。乗客のほぼ全員が食べたことになる。

10時36分、定時で敦賀駅に到着した。この時刻、すでに札幌行は営業を終えているので、大阪行は、本当に最後の運行をしているトワイライトエクスプレスとなっていた。敦賀駅では機関車交換がある。長いホームをもつ敦賀駅だが、その両端はもとより、そこかしこに人が集まっていた。

駅長がマイクで挨拶をしているようなので、室巻もホームに出てその様子を見ようかと思った。しかし、下車した途端にホームの人たちに取り囲まれて、自分の撮影会状態となってしまい、身動きがとれなかった。

福井県を駆け抜ける大阪行トワイライトエクスプレス

# 第10章　乗務終了

## 湖西線をラストスパート

10時52分、定時に敦賀駅を発車すると、〝最後の〟トワイライトエクスプレスはラストスパートに入る。

撮影名所として知られる近江高島～北小松をはじめ、撮影地ではどこも多くの人たちがカメラを構えている。撮影地でないところでも、手を振る人の姿がここかしこに見える。みんな、トワイライトエクスプレスの最後の勇姿をまぶたに焼き付けようと、沿線に出てくれているのだ。

この頃、室巻は車内を回り、一人一人に記念のチケットホルダーを渡していた。これは、団体予約がなくなり、乗客が全員、個々に取得したきっぷで乗車するようになった三月一日から、最終列車が発車する三月一二日までの十二日間、その発車日を入れた特製の記念チケットホルダーだ。トワイライトエクスプレスの封筒に入った上質なもので、そこには次の一文も添えられていた。

本日はトワイライトエクスプレスにご乗車頂き、誠にありがとうございます。
トワイライトエクスプレスは２０１５年３月12日をもちまして運転を終了いたします。
長い間本当に有難うございました。
皆さまのご愛顧にスタッフ一同心より感謝申し上げます。

特製の乗車記念チケットホルダー

総料理長であり担当部長の伊福部が、歴史ある列車の最後を飾るためにと、特別に作ったものだ。伝統ある列車の最後を飾るにふさわしい立派なデザインである。

　三月九日分のホルダーは往路の札幌行で配布した。そのとき十日分を積んで札幌までいったものの、帰路が十二日となったことで、配布するわけにはいかなくなった。これは仕方ないとして、困るのは十二日発分のホルダーが手元にないことだ。飛行機が飛ばないことから、帰路の分を手配できなかったのだ。助っ人で飛んできたホール担当の二名は、会社で何かを考える暇もなく飛び出してきたので、十二日分を持ってきていない。

　室巻は、後日、乗客個々人宛に送ることにして、札幌を出発したあと、一号車一番のスイートから順番に住所と氏名を聞きはじめた。ところが、個人情報にあたる住所と氏名を聞くことになるわけで、一人一人に事情を説明してお願いすることになる。

　そこでは思いで話なども当然のようにでてくる。さらに、乗客は自分の寝台に居続けるわけではなく、適宜車内を移動

ししている。そんなこんなで、送付先聞きとりには予想外に時間がかかることに気付いた。なにせ、1・2号車のA個室十室だけで二時間もかかってしまったのだ。

困ったなと思っていると、幸いにも、翌朝チケットホルダーを大阪のトワイライト営業センターから特急で敦賀駅まで持ってきてくれることになった。室巻は敦賀駅でそれを受け取り、発車した車内で一人一人に手渡しているところなのだ。

湖西線では、大津京駅で11時59分から12時04分まで五分間の運転停車がある。ここでサンダーバードに先を譲るのだ。同じ特急列車ではあるものの、目的地までの所要時間が短いことを売りにしているサンダーバードと、乗ること自体が目的のトワイライトエクスプレスとの立場の違いが明確に表れる運転停車だ。このホームにも、惜別にきた人々が大勢いる。

再び発車して、十分もすると左手に東海道本線が見えてきて、やがて合流する。東山の長いトンネルを抜けると、もう京都駅だ。12時15分着。ここのホームにも大勢の人がいて、皆こぞってこの列車を見ている。三分停車ののち発車すると、その後は大阪駅まで沿

湖西線が東海道本線に併走する山科付近を走る大阪行。京都駅まであと少し

天王山の麓を駆ける大阪行

線の至るところでカメラを構えたり手を振ったりしている人たちが見える。今日は金曜日。平日であって、決して週末ではない。それなのに、これほどの人がお別れのために沿線に出ている。いかにトワイライトエクスプレスが特別の列車であったかを、クルーの誰もが改めて感じていた。

もちろん、新大阪駅のホームもすごい人だかりだったし、新大阪駅を発車してすぐにある跨線橋は、立錐の余地もないほど人で埋め尽くされていた。さらに、淀川橋梁を渡った進行方向左手の土手には、これまで見たこともないほど多くの人がカメラを構えている。皆、最後の列車に名残を惜しんでいるのだ。

この光景をみてクルーの皆が感傷に浸っていると、列車は徐々に速度を落とし、大阪駅に到着した。

## 大阪駅にて

大阪駅で停車したとき、三浦が窓外を見ると、妻と子供たちがこちらに手を振っているのが見えた。出迎えに来てくれたのだ。妻とは、このダイナープレヤデスで出会い、結婚した。だからホーム上の降車場所はよく知っている。ホームに降りると、五歳の長男がヒーローを見るかのような目で見つめてきた。その目は感動して、目には涙を浮かべている。三浦は一瞬、まわりの喧噪を忘れて、思わず我が子と見つめ合った。妻も最終列車に乗務した夫を誇りに思い、気持ちが高ぶっているようだ。

大阪駅では、乗客だけでなく、クルーたちも全員が下車する。積み荷も降ろして、迎えにきたトワイライト営業センターの台車に載せるのだが、あまりの人の多さに身動きがとれない。全員が固まって、しばらく人の流れからはずれた場所にいた。その間も、三浦の妻はビデオカメラをまわし、長男は感激した目で父親と列車を交互に見ている。

やがて、機関車が警笛を長く鳴らすと、回送列車となった最後のトワイライトエクスプレスが、ゆっくりと前進をはじめた。ホームに詰めかけた人たちは、口々に

「ありがとー！」

と叫んでいる。

クルーたちも万感の思いで列車を見送った。

札幌で二日間の足止めを食い、期せずして最終列車に乗務することになり、ディナーの食材調達からアレンジまで任され、プレッシャーに押しつぶされそうになりながらその責務を立派に果たした三浦。徹夜で乗客たちと語らい、九年間にわたる楽しかったこと、辛かったことなどが走馬燈のように思い出される室巻。ほかのクルーもみな、過ぎ去っていくトワイライトエクスプレスの最後尾を見ながら、胸にこみ上げるものを感じていた。そのまま感傷に浸って泣き崩れてしまいそうになるのを



新大阪駅に到着

こらえ、その勇姿を見送った。

頃合いをみてエレベーターへと移動しはじめると、見送りに来た人たちの興味の対象は、見えなくなった列車からクルーたちへと移っていた。そこには驚くことに花道ができ、もみくちゃにされながらも進むと、あちらからもこちらからも握手を求められる。とつぜん有名人になったようで、三浦は戸惑いつつも、求められるままに握手をしながら、エレベーターへと向かった。

地下の搬出場まで行くと、先ほどまでの喧噪が嘘のようだった。いつも通りの日常が繰り返されている。しかし、クルーの誰もが、まだ感慨から抜けきれないでいる。頭の中では、先ほどまでのホームでの喧噪が渦巻いているのだ。

ある種の虚脱感を覚えながらも、いつも通りにトワイラストエクスプレス営業センターに戻り、いつも通りの点呼を行う。一人ずつ順番に、乗務結果を一言ずつ語るのだが、三浦も室巻もこの乗務だけでなく、過去九年にわたる乗務の数々が思い出され、自分の番になったときには胸にこみ上げてくるものがあり、言葉にならなかった。

本当に、これで終わってしまったのだ……と、号泣してしまうクルーたち。トワイライトエクスプレスの食堂車・ダイナー

最後の搬出作業をするクルーたち

プレヤデスに打ち込んできた日々の情熱が、どれほどのものだったのかを、各自がここに至って改めて感じていた。

寝不足と興奮と虚脱感が錯綜する状態で退社したクルー達だったが、料理長の三浦は誘いを断ってまっすぐ自宅に戻った。そこには、興奮冷めやらぬ妻と子がいて、いまかいまかとこの日のヒーローの帰りを待ちわびていたのだ。すぐに妻が、撮影してきたビデオを見ろという。その映像を見て、地上ではこんなにも盛り上がっていたのかと驚いた。長男は、いまだ興奮冷めやらず、尊敬の眼差しで父親を見つめている。不思議と、眠たさを感じなかった。

## 最終クルーが札幌から帰阪

その頃、札幌行最終便のクルーたちは、札幌市内のホテルにチェックインしていた。前日まで、二日間続けて運休となったトワイライトエクスプレスだ。それだけに、その日の飛行機を予約しても、列車遅延で乗れない可能性があるとして、あらかじめホテルを予約しておいてくれたのだ。最後だから札幌で慰労会をしてこいという親心もあったのであろう。

大阪行の最終クルーは、札幌でジンギスカンを食べたと聞いていた。ならば自分たちはそうでない名物をと、海鮮丼を食べに行った。この期に及んで対抗心がわくのも不思議なことだが……。

翌日はゆっくりとホテルを出て、午後の飛行機で大阪に戻った。関西空港に降

り立つと、そこには、
「お疲れ様でした　トワイライトご一行様」
と書いたボードと花束をもった人が出迎えに来ていた。室巻マネージャー、そして神野の妻だった。神野も、ダイナープレヤデスで知り合った女性と結婚しているので、その妻は室巻とも旧知の仲なのだ。

　神野が結婚することになったとき、両家が顔合わせをすると決めた日は、休日の三日目だった。さすがに三日目であれば、遅延したところで大阪まで戻ってこられるだろうと考えてのことだった。ところが、その日に限って車内に閉じ込められてしまい、帰って来られなくなってしまった。両家の顔合わせは妻が対応することで、賑やかにできたとの連絡は受けたが、当事者の一方である自分が出られなかった。

　これも、トワイライトエクスプレスならではのことで、またその実情を知っている妻や両家の両親だけに、笑い話で済んだのだろう。淡々と帰阪したつもりだったが、そんなことも思い出すと、つい胸が熱くなった。

　神野は、初めて担当するトワイライトエクスプレスのディナーメニューを夜を徹して考えたこと、それを



乗務を終えたクルーたち

実際に乗客に提供しては調整をくりかえしたこと。秋の生キノコでは、仕込み担当の吉本料理長が無理を重ねてくれた結果、乗客からはこれまでにない高評価を得たことなど……最後の一年は特に印象に残った。それ以前も含めて、がむしゃらに走り続けてきて、しんどいと思う余裕がなかったことも思い出される。

勤務の性格上、休日は多かったが、一度乗務すると、その業務はハードのひとこと。けれども、そのメリハリがあるからこそ続けてこられたし、仕事場の仲間にも恵まれてやってこられたのだと改めて思った。

その一方で、乗務を続けるうちに、わかったこともある。乗客はトワイライトエクスプレスに特別な思いをもって乗車していることが多く、それぞれの人生の一ページを飾る貴重な列車であった。ダイナープレヤデスは、その思い出づくりの一端を担う場であり、そんな職場に最後まで関われたことは、大きな喜びであり、誇りである。

本来、さほど感情のでるタイプではないと思っている神野だが、トワイライト営業センターでの最後の点呼で、これらのことが一気に思い出されて、思わず感極まってしまった。

# 第11章 さらに進化するトワイライトエクスプレス

## 特別なトワイライトエクスプレス

トワイライトエクスプレスの運転が終わった翌週、仕込み担当の吉本料理長は、冷蔵庫内の整理と清掃をしていた。

冷蔵庫は必需品で長年使っているものの、常に次の予定が入っているため、その予定をこなすだけで精一杯の日々だった。それだけに、しっかりと冷蔵庫の中身を確認しつつ、出し入れをしやすく整理し直すことなど、これまでやりたくてもできなかったのだ。トワイライトエクスプレスの運行が終了したいまが、チャンス到来とばかりに精が出る。

しかし、冷蔵庫は停まっていない。電源が入ったままなのだ。清掃していることからも判るように、これからも使うことを前提とした作業だ。それもそのはず、このとき、すでに次のプロジェクトが動き出していたのだ。それは、「特別なトワイライトエクスプレス」という名の豪華列車である。

トワイライトエクスプレスの車両は三編成あったが、その最終増備車である第三編成の1号車に、三編成の

---

A個室を4両連結した特別編成

2号車3両をすべて連結し、さらにサロン・デュ・ノールとダイナープレヤデスもつなげる。これら六両に、乗務員室等の業務用車両としてBコンパート、それに電源車を加えた八両編成だ。

1号車は最後尾がスイートルームで、続いてロイヤルルームが四部屋ある。2号車は車両の真ん中にスイートルーム、その両横にロイヤルルームが二部屋ずつある。つまり、これら四両で、スイートルーム四室とロイヤルルーム一六室という、A個室寝台ばかりが二〇室も並ぶ豪華編成になる。

この「特別なトワイライトエクスプレス」は五月一六日から運行を開始する。往路は毎週土曜日に大阪駅を発車して、琵琶湖を一周したのち、京都駅を経て山陽本線を下る間に夜を明かして下関駅に至る。復路は月曜日に下関駅を発車して、山陽本線を上る間に夜を明かして関西に入り、琵琶湖を一周したあと京都駅に至る。往復とも一泊二日のコースだ。七月からは、岡山から伯備線で鳥取県の米子に抜けて、山陰本線を下って下関へというコースも予定されているほか、「おんせん県おおいたデスティネーションキャンペーン」に合わせて、九州に渡って大分駅まで乗り入れる。

いずれのコースも、午前出発で翌日の午後に到着する。つまり、朝食一回、昼食二回、夕食一回をダイナープレヤデスで楽しめるようにしている。その運行に備えて、吉本料理長は入念に冷蔵庫を掃除しているというわけだ。

「トワイライトエクスプレス瑞風」のロゴ

## 似て非なるトワイライトエクスプレス

「特別なトワイライトエクスプレス」の計画が発表されたのは、トワイライトエクスプレスの定期運転が終了した三月十二日から十一日後の三月二三日のことだった。ＪＲ西日本によるリリース文には、定期運転時との違いについて、次のように記してある。

＊旅行会社専用団体臨時列車として、西日本各地を運転いたします
＊トワイライトの良さは車窓、食事など乗ること自体の楽しさにあります
＊フランス料理などの食事をグレードアップし、さらに著名なブーランジェ、パティシエがプロデュースした「トワイライトエクスプレス」オリジナルのパンやデザートをご用意
＊お客様へのおもてなしも検討し、「トワイライトエクスプレス瑞風」につなげていきたい

最後にでてくる「トワイライトエクスプレス瑞風《みずかぜ》」とは、平成二九年春から新造車両で走ることが予告されている、豪華クルーズトレインだ。ＪＲ九州が平成二六年から「ななつ星in九州」という、日本初の豪華クルーズトレインを走らせて人気を博していることは、読者の皆さんもよくご存知のことと思う。そのＪＲ西日本版を走らせる予定なのだ。

乗客からすれば「瑞風」の運行がはじまるまでトワイライトエクスプレスの運行を続けてほしいところだが、車両の老朽化と青函トンネルの北海道新幹線への対応のため、そうもいかない。車両の件はともかく、北海道新幹線の件は如何ともしがたく、定期運行廃止はやむを得ない。
　そこでこの二年間の空白期間を利用して、上級クラスであるA個室寝台車に、食堂車「ダイナープレヤデス」とサロンカー「サロン・デュ・ノール」を組み合わせた「特別なトワイライトエクスプレス」を編成。新たなルートを高級なクルーズトレインとして運行するなかで、新生「トワイライトエクスプレス瑞風」のノウハウを構築していこうという趣旨なのだ。

## ダイナープレヤデスが主役

先に記したそのリリース文にあるとおり、「特別なトワイライトエクスプレス」では「食事」がクローズアップされている。つまり、ダイナープレヤデスの位置づけが従来以上に重視されているのだ。車外調理した食事を温めることを是とするほかの食堂車とは一線を画し、四半世紀以上にわたり、車内調理にこだわった本格フレンチレストラン「ダイナープレヤデス」ならではのサービスに焦点が当てられた列車といえよう。

　そこで提供される料理メニューには、外部パティシエによるプロデュースもある。しかし、仕込みから車内での調理までを担うのは、長年「ダイナープレヤデス」で料理

「トワイライトエクスプレス瑞風」の展望デッキ付き車両

を提供し続けてきた厨房メンバーであり、その中心にいるのは、総料理長である伊福部だ。彼らの力量があってこその「特別なトワイライトエクスプレス」だといえよう。

新たな使命を帯びたトワイライトエクスプレスだが、クルーズトレインとして走るため、時刻表には載らない。日本旅行・JTB・クラブツーリズム・阪急交通社の四社が発売するツアー限定の団体臨時列車であり、すべての乗客が全食事付きの行程となる。つまり、予約人数がそのままダイナープレヤデスの利用者数となるわけで、食材の数量管理はやりやすくなりそうだが、全四食を提供するのだから、また違った苦労がありそうだ。

## 「特別なトワイライトエクスプレス」のメニュー

その「特別なトワイライトエクスプレス」の走行当初のメニューをご紹介しよう。

ご覧のとおり、一日目のランチは和食だ。フレンチのフルコースを売りにしていたダイナープレヤデスでの最初の食事が和食というのはいささか妙な気がするが、これには理由がある。

1日目のランチ

**昼食メニュー**（平成二七年五月一六日）
〈先付け〉
海老湯葉団子　明石産穴子の押し寿司　生麩田楽
〈自家製ざる豆腐〉
天然醸造木桶仕込初搾り生醤油
小豆島産エキストラヴァージンオリーブ油
マルドンのシーソルト
〈旬の焼き魚〉
真名鰹西宮焼　酢取り茗荷
〈乾物〉
白味噌仕立て　雲丹真蒸　三つ葉　青柚子
〈自家製漬物盛り合わせ〉
壬生菜　胡瓜　有機人参　ごぼう　アスパラガス　かぶら　エリンギ
セロリ　オクラ
〈ご飯〉
〈果物〉
さくらんぼ（佐藤錦）　びわ

従来は、大阪発の下りだけで洋食ランチを提供していたが、「特別なトワイライトエクスプレス」では、初日と二日目の二回提供することになる。これにディナーとモーニングもあるため、そのすべてを洋食にすると、中高年が中心の日本人乗客には食べ疲れが心配だ。そこで、初日の昼食はあえて和食にしたのだ。また、その後の食事も軽めにすることで、四食すべてを美味しく食べられるボ

リュームとしている。

最初の食事となる和食のランチは、九種類の漬け物をメインとしつつ、厨房で作る出来たての豆腐を添えている。豆腐を列車食堂で作り、その場で食べるという発想は、ほかの食堂車はもちろんのこと、歴代の食堂車にもなかった、手作りにこだわってきたダイナープレヤデスならではの一品であろう。

ディナーは、定期運行中は五品だったが、「特別なトワイライトエクスプレス」では一日二回転で四十名となり、時間に余裕ができるため八品に増やしている。アミューズ二種類にはじまり、オードブルを経て、ブイヤーベース、伊勢エビのスープと進み、メインは但馬牛のステーキだ。

ブイヤーベースは瀬戸内をイメージした、あっさりとしたものとし、続く伊勢エビのスープは濃厚に仕上げてある。この伊勢エビのスープは、各テーブルでサービスすることにしている。メインの但馬牛は、赤身が多くて柔らかく、うま味が十分にある上品なもの。

デザートには、京都の有名洋菓子店「マールブランシュ」で作ったモンブランを用意する。店頭で販売しているものより小ぶりにすることで、フルコース八品の最後であっても無理のない量としている。上品な甘さで、栗の味をしっかりと楽しめる一品だ。

朝食は、野菜中心の軽めの洋食としている。作りたての野菜ジュース、野菜サラダ、自家製グラノーラを入れて食べるヨーグルトなど、それぞ

ディナー・メニュー

## ディナーメニュー（2015年5月16日）

**ドン・ペリニヨン2004**
フランスシャンパーニュ／シャルドネ　ピノ・ノワール（辛口）
「ヴィンテージシャンパン」と言われ優れた作柄の年に
その年の葡萄だけを使って造られたシャンパン

＊

**ACエシェゾー・グラン・クリュ 2010**
フランスブルゴーニュ／ピノ・ノワール〈フルボディ〉
きめ細やかさと優雅さをあわせもつ洗練された味わい

＊

**ACコルトン・シャルルマーニュ・グラン・クリュ**
フランスブルゴーニュ／シャルドネ〈辛口〉
芳醇で力強く上品な酸味と適度な渋みが調和した味わい

＊

**香川県産ホワイトアスパラとキャビア／香川県産マダコのベーニエ／ブルーチーズのコルネ**

＊

**明石産穴子と加茂茄子のミルフィーユ　山椒風味**

＊

**自家製コンソメゼリーと淡路産玉ねぎのヴルーテ**

＊

**海の幸の恵み～ブイヤベース～**

＊

**但馬牛のグリエと山口県産地鶏「長州黒かしわ」のオーブン焼き**

＊

**「京都北山マールブランシュ」特製デザート**
**～モンブランと四季の彩り～**

＊

**四季のマカロンとお干菓子佇古礼糖《ちょこれーと》**

＊

**食後のコーヒー**

れの量は少ないが、種類が多いので、食後に満足感を感じられるはずだ。ハムが欲しいとの要望があることを見越して、ハムも用意してある。
　パンは、大阪の名店として知られるパリゴとザ・マーシュの二店から取り寄せる。パリゴは、世界コンクールの日本代表である安倍龍三氏がオーナーをつとめる店で、ザ・マーシュのオーナーである西川功晃氏も知る人ぞ知る名人だ。それぞれに幾種類ものパンを用意するという贅沢ぶりだ。パンには、オリジナルのジャムを三種類小瓶で提供するが、その場で全部を味わわなくても、持ち帰って改めて味わうこともできる。

**二日目の昼食メニュー　竹寵御膳**

飯　十国米俵飯
汁　にゅう麺
椎茸旨煮　錦糸玉子　小口葱　すだち
煮物　牛タン味噌仕立て
揚げ物　旬の魚介と沿線野菜の天ぷら
点心
海老旨煮　絡幽庵焼
長州黒かしわ山椒焼　牛焼きしゃぶ　玉子焼き
九条葱酢味噌和　枝豆　酢蓮根　甘酢生貴
デザート　無花果のデザート

朝食

ドリンクメニューも、日本酒・洋酒を問わずこだわりの逸品を揃えている。「特別なトワイライトエクスプレス」として走りはじめた二ヵ月目となる六月からは、話題の日本酒「獺祭《だっさい》」もメニューに加えている。これらはすべてドリンクフリー、つまり飲み放題で、その代金もツアー料金に含まれている。そのサーブのために、ホール担当が二名、サロン・デュ・ノールに常駐している。

### ドリンクメニュー

**Wine** 〜ワイン〜
〈シャンパン　ドン・ペリニヨン2004〉フランス・シャンパーニュ（辛口）
〈赤　ACエシェゾー・グラン・クリュ2010〉フランス・ブルゴーニュ　ピノ・ノワール（フルボディ）
〈白　ACコルトン・シャルルマーニュ・グラン・クリュ〉フランス／ブルゴーニュ　シャルドネ100%（辛口）

**Beer** 〜ビール〜
グラス　エビス樽生
小瓶　プレミアムドライ／プレミアムモルツ／ノンアルコール　ドライゼロ

**Sake** 〜日本酒〜
〈特選　白鷹　吟醸純米〉
兵庫県　日本酒度＋4.5　酸度1.7　上品な香りの辛口
〈倉敷吟醸　伊七　純米吟醸〉
岡山県　日本酒度−1　酸度1.3　淡麗でやや甘口
〈千福　大長レモンのお酒〉
広島県　純米酒と大長レモン100%使用した瀬戸内ブレンド

**Shochu** 〜焼酎〜
〈刻の一滴（麦）〉フランスのピノ・ノワールワイン樽に貯蔵した麦焼酎
〈刻の一滴（芋）〉フランスのシャルドネワイン樽に貯蔵した芋焼酎

**Mineral Water** 〜ミネラルウオーター〜
〈シャテルドン（微発泡）〉ルイ14世に愛された「太陽王の水」として名高いプレミアムウオーター

**Wisky** 〜ウイスキー〜
響12年（ブレンデット）
竹鶴17年（ブレンデット）
ザ・マッカラン12年（シングルモルト）
バランタイン17年（ブレンデット）

**Brandy** 〜ブランデー〜
〈フラパン　グランド・シャンパーニュ V.S.O.P〉700年以上の歴史と伝統を持つ名門。世界で唯一グランド・シャンパーニュ格付け品

**Spirits/ Liqueur** 〜スピリッツ／リキュール〜
〈ボンベイ・サファイヤ〉世界各国から厳選された10種類の植物を使用し、深く華やかな香りと味わい
〈グレイグース〉フランス産プレミアムウォッカでアルコール臭が最小限に抑えられたフレッシュな香り
〈ルジェ　カシス〉1841年から作られるカシスリキュールの元祖
〈カンパリ〉ほろ苦くほのかに甘くハーブの香り
〈サンジェルマン〉エルダーフラワーを使ったフローラルでフレッシュなフレンチリキュール

**Umesyu** 〜梅酒〜
チョーヤエクセレント

**Soft drink** 〜ソフトドリンク〜
烏龍茶／フレッシュオレンジジュース
フレッシュグレープフルーツジュース／アップルジュース

さらに、乗客の全員に、お土産としてマールブランシュの代表菓子「茶の菓」を用意した。お菓子そのものは同店で販売しているものと同じだが、トワイライトエクスプレスのエンブレムが入ったパッケージ入りだ。

## 「特別なトワイライトエクスプレス」発車！

五月一六日（土）、午前9時50分に「特別なトワイライトエクスプレス」は、大阪駅10番のりばを発車した。その大阪駅では、復活したトワイライトエクスプレスを記念して出発式が開かれ、多くの報道陣が集まった。沿線にも特別編成となったトワイライトエクスプレスをひと目見ようと、多くの人たちが今か今かと待っている。

「特別なトワイライトエクスプレス」は、満員の四十名の乗客を乗せて、まずは通い慣れた東海道本線を、京都駅へと向かう。先頭に立つのは、三月までけん引していた交直両用電気機関車EF81形113号機だ。米原駅経由で敦賀駅まで走り、敦賀駅では牽引機がEF81形114号機に代わる。ここから1号車1番スイートルームが最後尾となる、本来の運転方向となり、琵琶湖を左手に見ながら湖西線を南下した。

乗車中はドリンクフリー。
そのサーブのため、ホール担当2名が常駐することになった

「特別なトワイライトエクスプレス」運行に合わせて行き先は札幌から下関に変わった

京都駅では、直流電気機関車EF65形1128号機にけん引機が交替した。この機関車がこの先、下関駅までを担当することになる。山陽本線となる神戸駅を発車したのは16時48分。敦賀駅からは、各室から琵琶湖と瀬戸内海が見られるように、定期運行時のトワイライトエクスプレスとは、各客車が前後逆に編成されている。そのため、明石海峡大橋も各客室からゆったりと眺められる。

翌朝、広島駅に到着する頃から車窓が明るくなる。幸い、今日も好天だ。瀬戸内海の眺めを楽しみながら、いそぐことなく途中停車を繰り返しつつ、下関駅への道を歩む。運行ダイヤは、発売されたばかりの月刊誌『鉄道ダイヤ情報』に載ったものの、この日は下関着の時刻しか書かれていない。それにもかかわらず、沿線には多くの人が出て、「特別なトワイライトエクスプレス」がやってくるのを待っている。なかには撮り鉄もいるが、その多くはスマートフォンなどを片手にしている、ごく普通の沿線住民のようだ。それほどに注目を集める存在なのだ、トワイライトエクスプレスは。

## 下関駅でも発車式

五月一八日（月）、下関駅発の「特別なトワイライトエクスプレス」がはじめて走る日だ。10時37分発の前に、下関駅9番のりばでも出発式が行われた。地元代表・乗客代表に加えて、地元のゆるキャラも駆けつけている。

一通りの式典が済むと、下関駅長が、伝統の振鈴《しんれい》を振った。明治時代に下関駅を発車する列車に対して振っていた鈴で、二〇〇六年の放火事件で被災したものの、全焼した駅長室から焼け残って見つかった鈴だ。今では、記念すべきイベントの時にかぎって使われる、滅多に見聞きできない鈴であり、その音色だ。

振鈴を振り終わった駅長が右手を高々と上げると、EF65形1132号機に牽引された「特別なトワイライトエクスプレス」がゆっくりと走りはじめた。昨日と違ってあいにくの雨模様だが、乗客にとってはさほど関係がない。この日もゆっくりと、しかし着実に歩を進めて山陽本線を上っていく。

月曜日でもあり、昨日ほど沿線に人は出ていないが、それでも駅に停車すると、そこに居合わせた人々から、羨望の眼差しが注がれる。サロン・デュ・ノールには、朝から優雅に

EF65形1128号機に牽引される特別編成。
編成中程にある、屋根の形が異なる車両が食堂車「ダイナープレヤデス」

グラスを傾ける人の姿が見えた。ＪＲ西日本が目指す、名列車「トワイライトエクスプレス」の姿であり、ダイナープレヤデスのクルーがこの先も求めていく最上級のサービスを具現しているかに見える光景だった。



㊤　下関発京都行
㊦　明治時代から続く伝統の振鈴を振る下関駅長

瀬戸内海に沿って下関へ向かう

# あとがき

私事となりますが、トワイライトエクスプレスは、結婚する際、結婚式をしない代わりに新妻とともに親戚の挨拶回りをすることになり、札幌の親戚へ行くために、1号車1番スイートに乗った個人的にも思い出の列車です。ちょうど、有珠山が噴火して、山線回りとなっているときで、最後尾から眺めた羊蹄山は、貴重な乗車経験となりました。それ以前にもシングルツインに全区間乗車していますし、フルムーン夫婦グリーンパスが使えるようになったときにも、まずは北海道へ行き、その帰路にツインを利用しています。毎回、大阪駅～札幌駅間の全行程に乗るのもお決まりでした。愛知県在住なので、京都駅か敦賀駅で乗り継ぐほうが現実的なのですが、どうしても全区間乗りたくなる列車でした。

トワイライトエクスプレスの廃止は数年前から予想されたので、何度かロイヤルに乗ろうとしたのですが、結局乗ることを果たせず、本書の取材で行った報道公開の場で、はじめてロイヤルに足を踏み入れました。でも、これは宮原支所で停まっている状態であり、自分も報道陣としてヘルメットを被っている状態ですから、乗客として乗るときとは全く異なります。このことと、ダイナープレヤデスのクルーが入れ代わったあとのメニューを食べ損ねたことが、今となっては痛恨のできごとです。
そんなダイナープレヤデスについて、本にしたいと創元社の堂本さんに話を持ちかけられたのは、前著『日本の鉄道　オンリーワン&ナンバーワン』が刊行される二〇一四年末のことでした。廃止まであと三ヵ月の今ごろになってとは思ったものの、時間を戻すわけにはいきません。また、ダイナープレヤデスのクルーに取材できるのであれば、何らかの貴重な話が聞けるのではないかとの期待があり、即答で、やらせて欲しいとお願いしました。

その後、創元社からJR西日本フードサービスネットに対して取材依頼を出し、打ち合わせで挨拶に伺ったのは、年が明けてからでした。広報の西村氏・久原氏のご尽力により、翌週にはクルーへのインタビューが実現しました。この時点で、廃止まで二ヵ月を切っているので、さぞ残りの乗務を名残惜しく思っておられるだろうと予期していたのですが、意外なことにそうではありませんでした。全員が口を揃えて最終列車のことを考えている余裕はない、いまはとにかく最後まで職責を果たすことで精一杯と答えられたのには、正直、驚きました。また、これではどう書いたら良いのか、落としどころが摑めなくて、困ってしまったのも事実でした。その際、室巻マネージャーがただ一人、最終列車に乗りたいと言われたことは、強く印象に残りました。まさか、その最終列車への乗務が、紆余曲折のうえ、ご本人の想定とは異なる形で実現するとは、当たり前のことですが、そのときはまったく予想だにできませんでした。

実際にトワイライトエクスプレスに乗って、クルーのみなさんの働く場を見れば、何かしら書く内容のヒントが得られるだろうと思いましたが、すでに前代未聞のきっぷ争奪戦が繰り広げられる時期になっていました。オークションサイトには法外な値段で寝台券が出ています。この手のことで儲けようとする動きに加担したくはないので、オークションには一切手を出さず、手を尽くして正規ルートでの入手を試みたものの、残念ながら予約することは適いませんでした。旅行会社の知り合いも、一ヵ月後まで全席満席が続く列車は、これまでに見たことがないというほどでした。

さて、どうしたものかと考えつつ、その後もトワイライトエクスプレスに関する情報を得るように努めつつ、走る姿の撮影は続けました。最終列車は、敦賀駅にその様子を見に行きました。

最終列車が走り終えたあとに、再度のインタビューをお願いしたところ、三月一九日と二五日の二回に分けてインタビューが実現しました。そのときの内容は実に興味深いものでした。

一月のインタビュー時とはうって変わって、最終列車に乗車した室巻マネージャー、三浦料理長、神野料理長それぞれが、ダイナープレヤデスに対する思いを、感情を込めて語って下さったのでした。仕込み担当の吉村料理長も、秋のメニューでの生キノコの処理に対する苦労話を、リアルに語って下さいました。みなさん、一仕事を終えて、次の仕事にかかる前のちょうど端境期のタイミングだったため、それまでの仕事についての思いを語りやすかったものと思います。また、その言葉の一言一言には、しっかりとした実績に裏打ちされた気持ちが込められていて、インタビューしている私も大変に感銘を受けたのでした。

結果として、このときのインタビューをベースにすることで、この本を書くことができました。また、それは、四半世紀以上にわたる名列車「トワイライトエクスプレス」と、そこに連結されていた「ダイナープレヤデス」という食堂車の最後の姿を描き、後世に残すことができる記録にもなったものと思います。

ここに改めて、インタビューに応じて下さった伊福部雅司総料理長、吉本伸一郎仕込み料理長、神野友哉料理長、三浦伸敏料理長、室巻智大マネージャーの皆さん、それに、そのインタビュー手配など、本書の執筆に何かとご協力をくださった、ジェイアール西日本フードサービスネット総務部広報担当の西村保弘リーダー、久原文子主任（取材当時）に御礼申し上げます。また、駅ホームや報道公開時の撮影にご協力をいただいたJR西日本の皆さまにも御礼申し上げます。

末筆となりましたが、この書を書くきっかけを作って下さった、創元社の堂本誠二氏にもお礼を申し上げ、あとがきとさせていただきます。

ありがとうございました。

二〇一五年八月

鉄道フォーラム代表　伊藤博康

## 参考文献


・鉄道フォーラムの過去ログ
・『トワイライトエクスプレスの旅・旅のしおり（第八刷）』（ジェイアール西日本フードサービスネット、二〇一四年）
・日本交通公社の時刻表（一九八八年三月号）
・『鉄道ダイヤ情報』（交通新聞社、二〇一五年二月号と同六月号）
・『食堂車の明治・大正・昭和』（かわぐちつとむ著、グランプリ出版、二〇〇二年）
・『トワイライトEXP.レディ』（森由香著、メディアファクトリー、二〇〇八年）
・『豪華寝台特急トワイライトエクスプレス（Gakken MOOK）』（学研パブリッシング、二〇一四年）
・『さらば！ 北の大地の寝台列車 北斗星&トワイライトエクスプレス（NEKO MOOK2275）』（ネコ・パブリッシング、二〇一五年）



**写真提供**（数字は掲載ページ。敬称略）
・西日本旅客鉄道株式会社：23上、164、165
・株式会社ジェイアール西日本フードサービスネット：カバー表4左、28、34-36、55、61、66-69、71、74、75、83、85、87、89、92-95、117、140-143
・来住憲司：カバー表1上段、中段中央、162、166、168、170
・右記以外は筆者撮影

著者紹介

**伊藤博康**（いとう　ひろやす）

1958年愛知県犬山市生まれ。10年間のサラリーマン生活を経て、勃興期だったパソコン通信のNIFTY-Serve鉄道フォーラムで独立。インターネット時代となり、@niftyのフォーラム事業撤退を受けて、独自サーバで「鉄道フォーラム」のサービスを継続し、現在に至る。

ネット上で日本旅行「汽車旅コラム」と中日新聞プラス「達人に訊け！」の連載コラムを担当し、鉄道月刊誌でも執筆しているほか、『日本の鉄道　ナンバーワン&オンリーワン』（創元社）、『日本の“珍々”踏切』（東邦出版）、『鉄道ファンのためのトレインビュー・ホテル』『鉄道名所の事典』（東京堂出版）など著書多数。

㈲鉄道フォーラム代表。


「トワイライトエクスプレス」食堂車《しょくどうしゃ》
ダイナープレヤデスの輝《かがや》き
栄光《えいこう》の軌跡《きせき》と最終列車《さいしゅうれっしゃ》の記録《きろく》

2015年９月10日　第１版第１刷発行
2015年10月20日　第１版第２刷発行

著　者……伊　藤　博　康
発行者……矢　部　敬　一
発行所……株式会社 創　元　社
http://www.sogensha.co.jp/
本社　〒541-0047 大阪市中央区淡路町4-3-6
Tel.06-6231-9010　Fax.06-6233-3111
東京支店　〒162-0825 東京都新宿区神楽坂4-3 煉瓦塔ビル
Tel.03-3269-1051
印刷所……図書印刷株式会社




ISBN978-4-422-24071-8 C0065

## 日本の鉄道ナンバーワン&オンリーワン――日本一の鉄道をたずねる旅

伊藤博康著　四六判・256頁　本体1,200円（税別）

鉄道好きなら一度は行きたい、知っておきたい、あらゆる日本一、日本唯一を日本最大の有料鉄道趣味サイト「鉄道フォーラム」代表がご案内。お馴染みの知識からマニアックなネタまで、必読・必見・必乗の一冊。写真多数。

## 鉄道の基礎知識

所澤秀樹著　A5判・424頁（2段組）　本体2,300円（税別）

探究心旺盛な著者が、長年の調査・研究の成果を惜しげもなく披露。列車、ダイヤ、駅、きっぷ、乗務員、信号・標識の読み方など、鉄道システム全般を平易に解説。すべての鉄道ファンに捧げる好個の一書。資料写真700点超。

## 国鉄の基礎知識――敗戦から解体まで［昭和20年-昭和62年］

所澤秀樹著　A5判・400頁（2段組）　本体2,800円（税別）

輝ける黄金時代から分割民営化に至るまで、国鉄のあゆみを年ごとに徹底解説。画期をなした技術、列車、ダイヤ改正、事件・事故、労働運動など国鉄時代の事柄を縦横無尽に語る国鉄・JRファン必読の一冊。厳選写真350点超。

## 乗らずに死ねるか！――列車を味わいつくす裏マニュアル

黒田一樹著　A5判・200頁（2段組）本体1,500円（税別）

通勤電車からインターシティ、JR・私鉄特急、地方私鉄の名優まで、ぜひとも乗りたい27の名列車の魅力と愉しみ方を紹介。五感を研ぎ澄まし、車両に隠れた深遠な設計思想や物語に思いを馳せる、極上の「乗車体験」の世界へ。

## 鉄道の誕生――イギリスから世界へ

湯沢威著　四六判・304頁　本体2,200円（税別）

比較経営史の第一人者による鉄道草創期の本格的通史。蒸気機関導入以前の初期鉄道から説き起こし、各国の近代化に多大な影響を与えた鉄道誕生の秘密とその意味を多角的に考察する。第40回交通図書賞［歴史部門］受賞。

## 鉄道手帳［各年版］

所澤秀樹責任編集／創元社編集部編　B6判・248頁　本体1,200円（税別）

2008年から毎年発行する、情報満載の鉄道ファンのためのダイアリー。全国鉄軌道路線図、各社イベント予定、豆知識入りダイアリー、数十頁に及ぶ巻末資料編など、専門手帳ならではのコンテンツを収載。クリアカバー付き。

## 別冊『鉄道手帳』全国鉄軌道路線図〈長尺版〉第１版

所澤秀樹監修／創元社編集部編　280×105mm　本体1,200円（税別）

『鉄道手帳』路線図をベースに拡大・再編集した全長1800ミリの長尺路線図（両面360ミリ）。表１枚ものの路線図ならではの迫力、すぐれた一覧性が鉄道旅行に興趣を添える。付録冊子「全国鉄軌道線路名称リスト」あり。